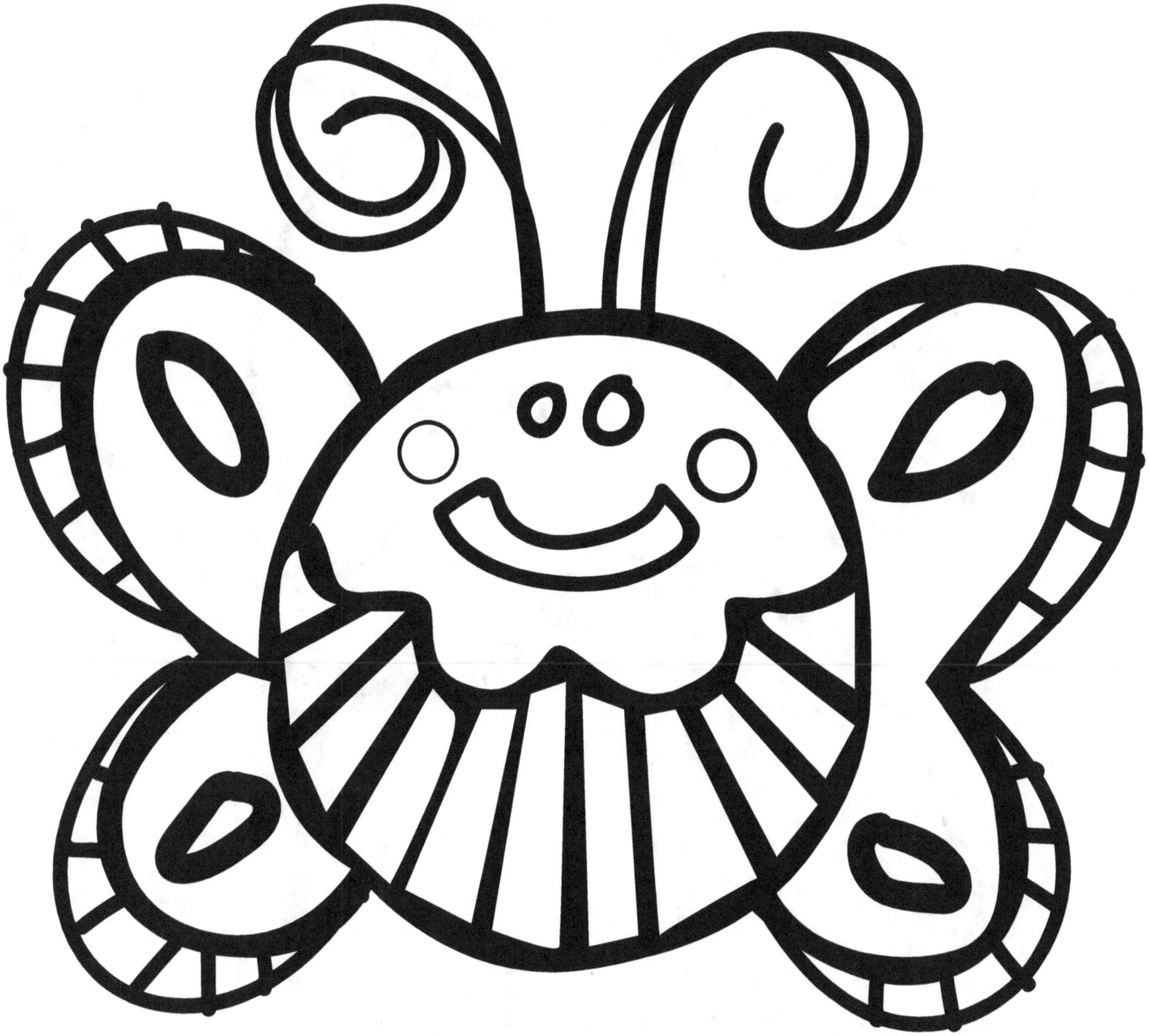

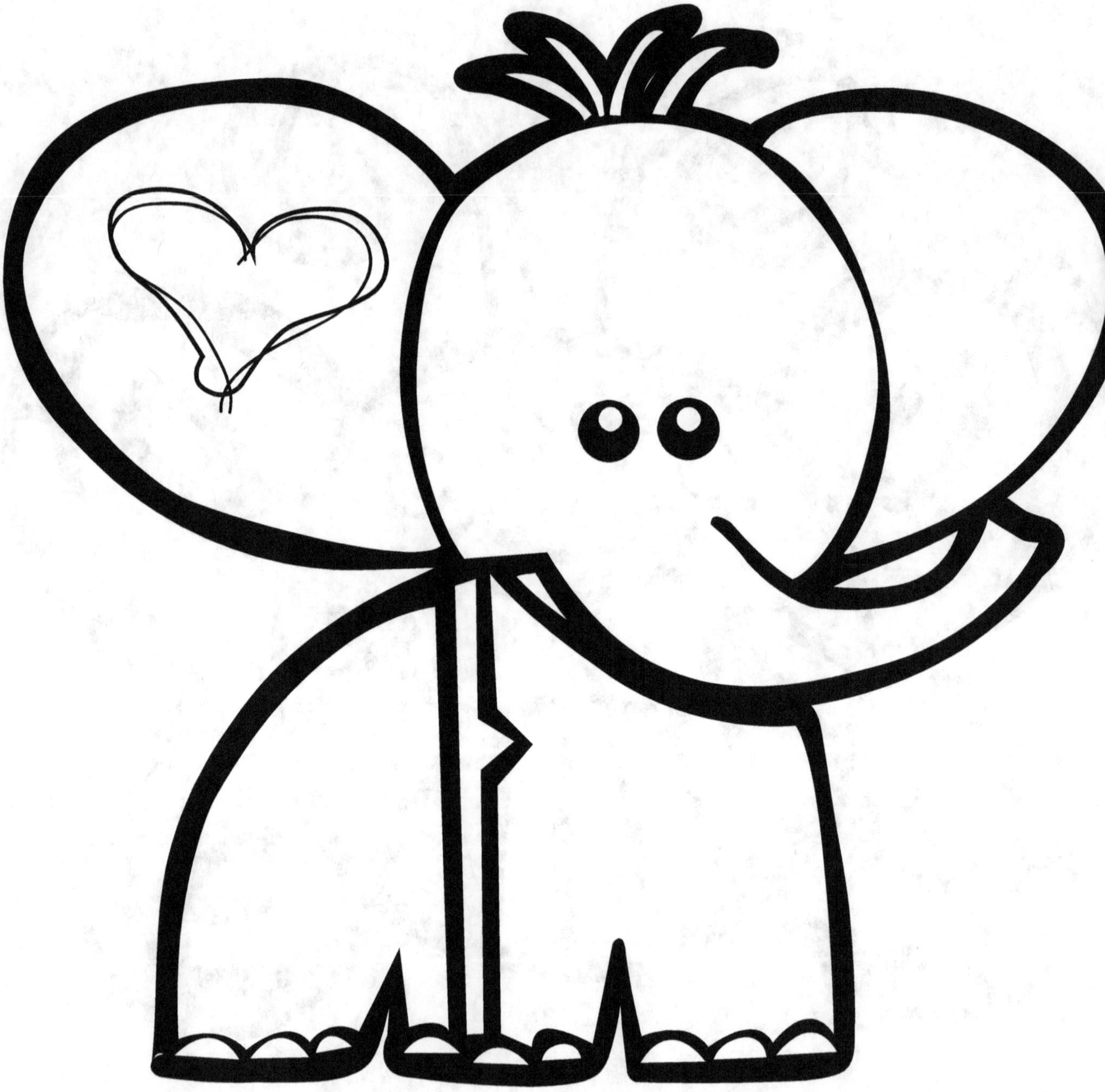

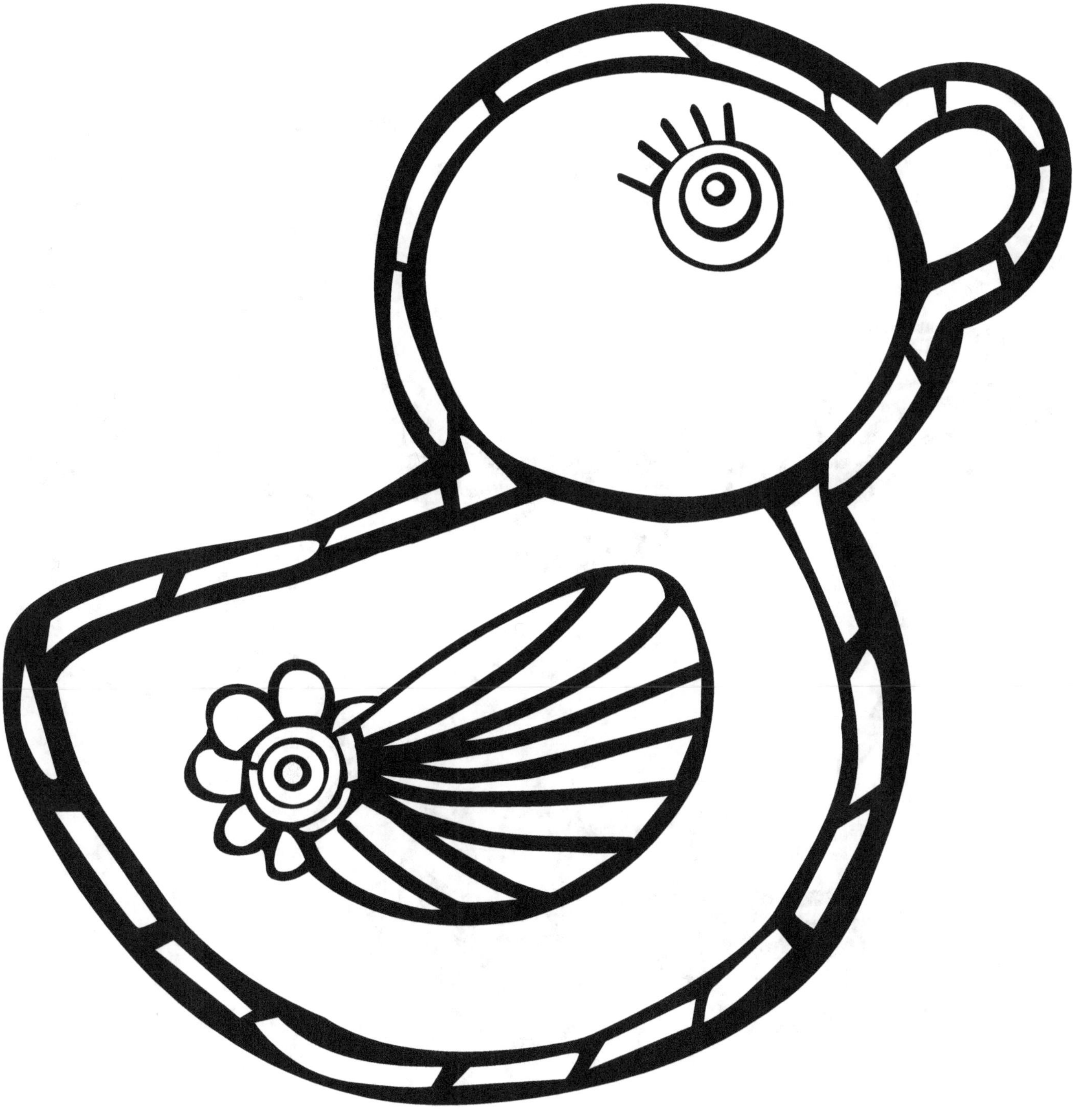

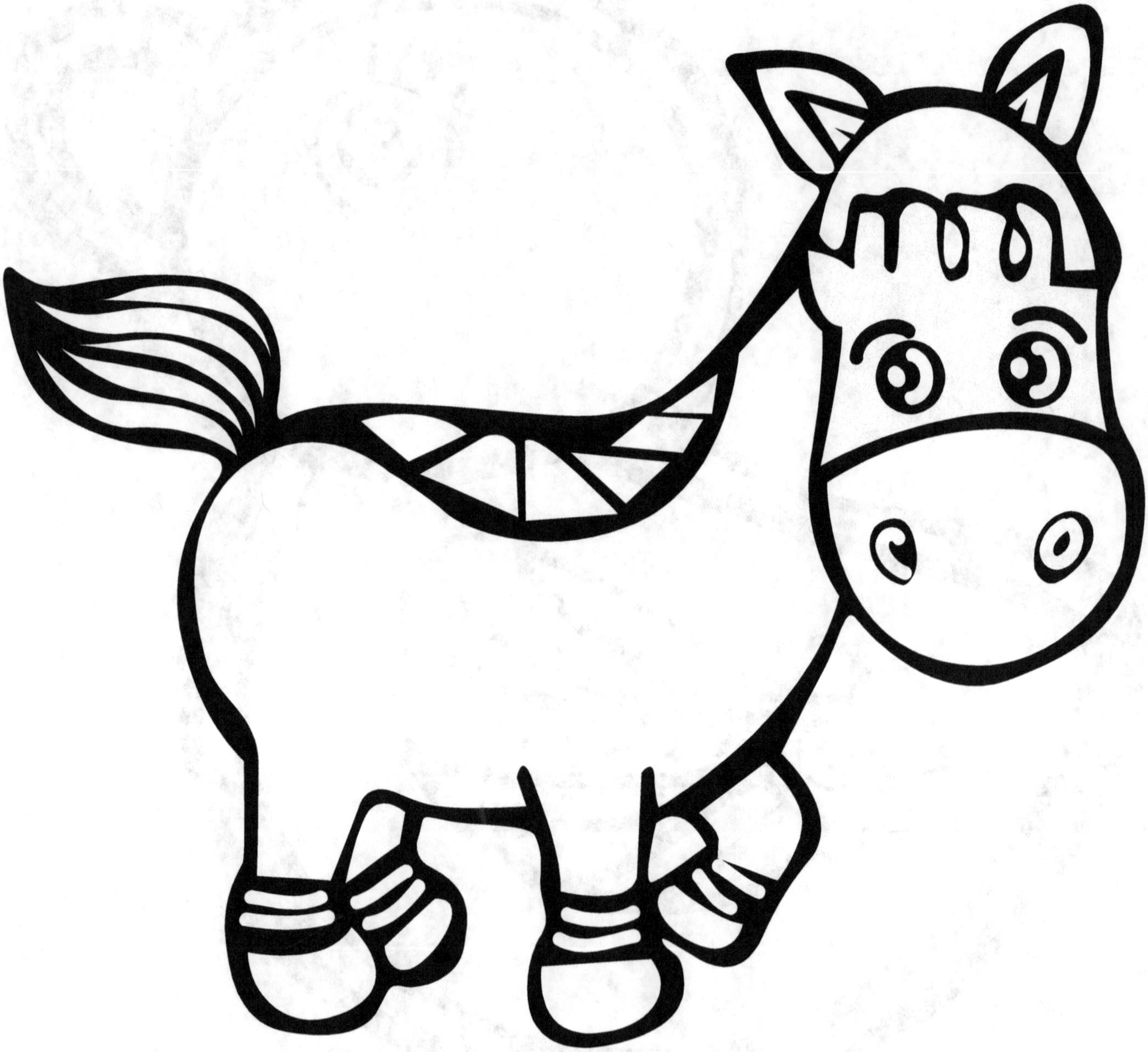

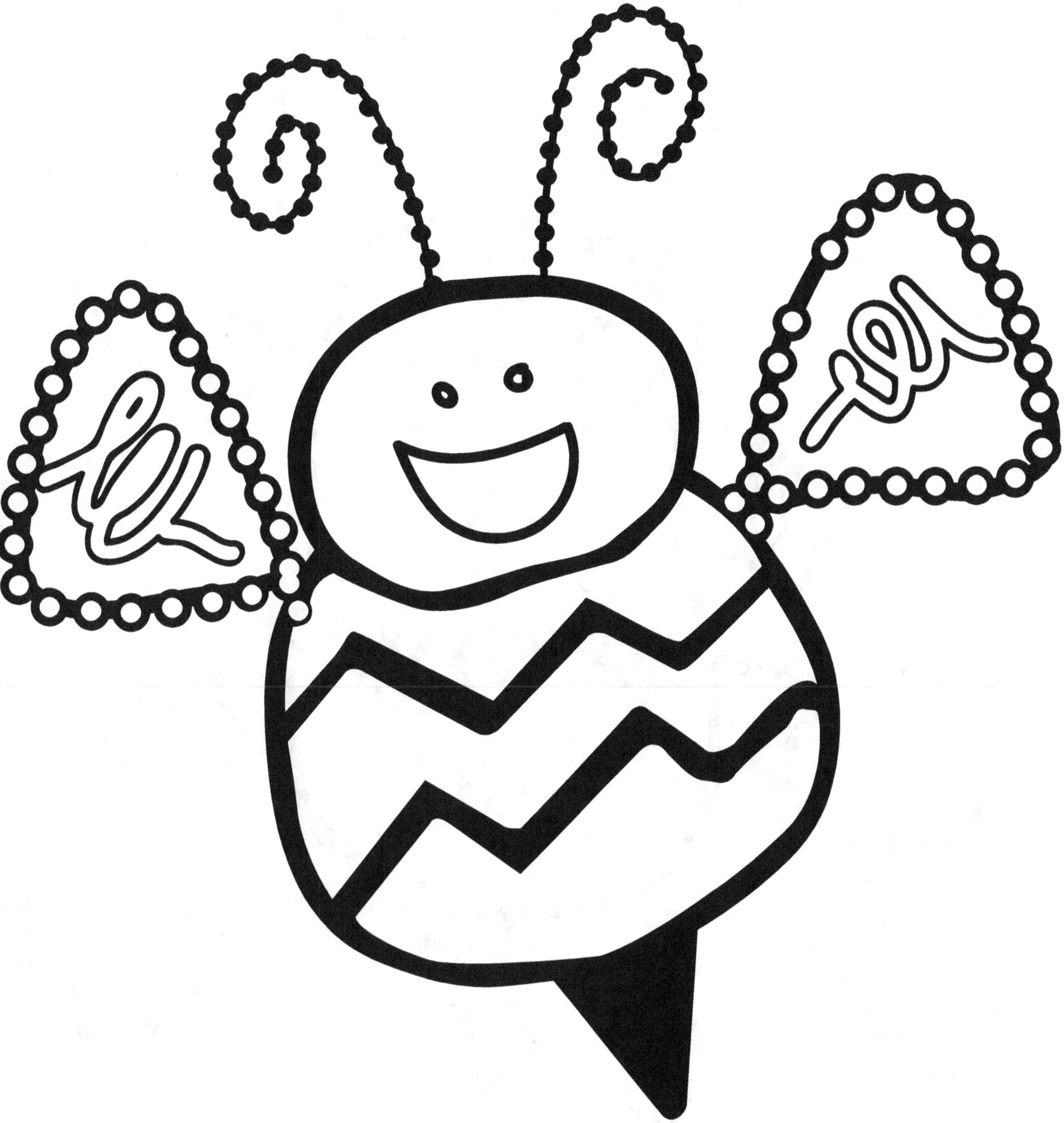

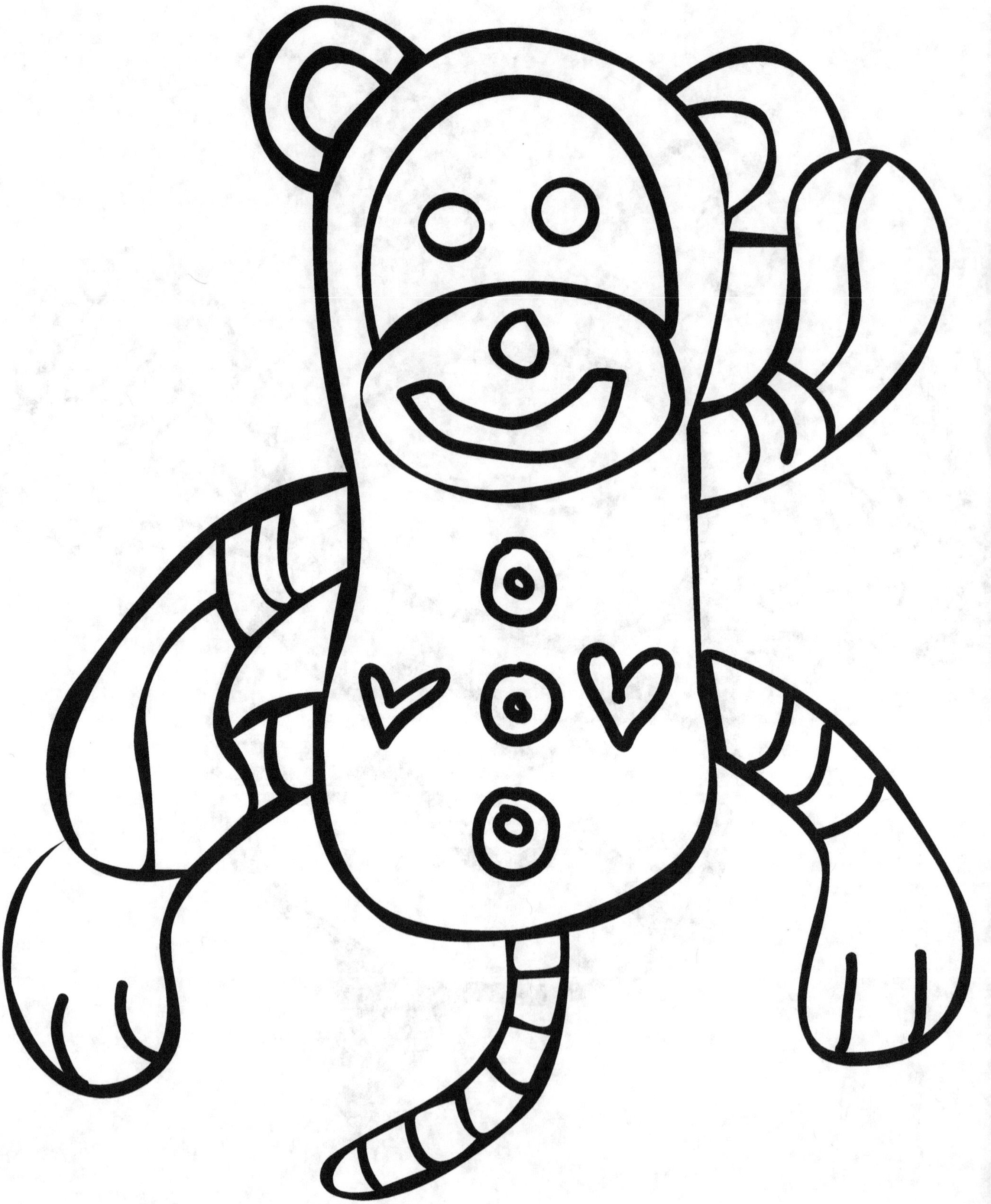

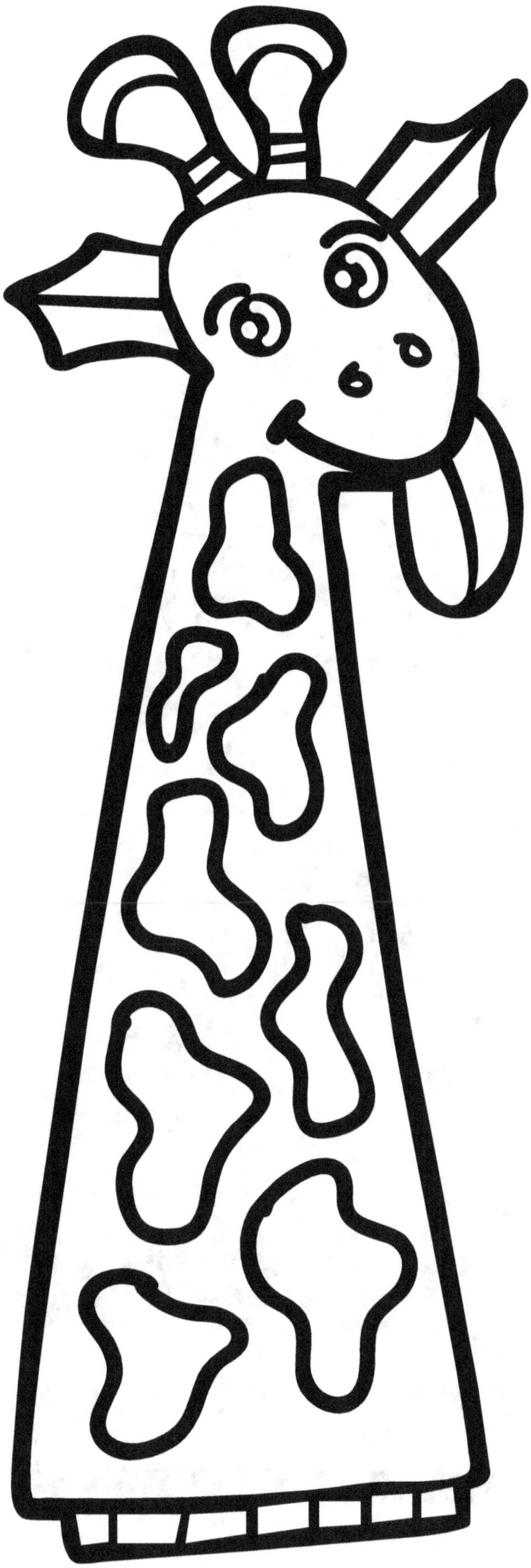

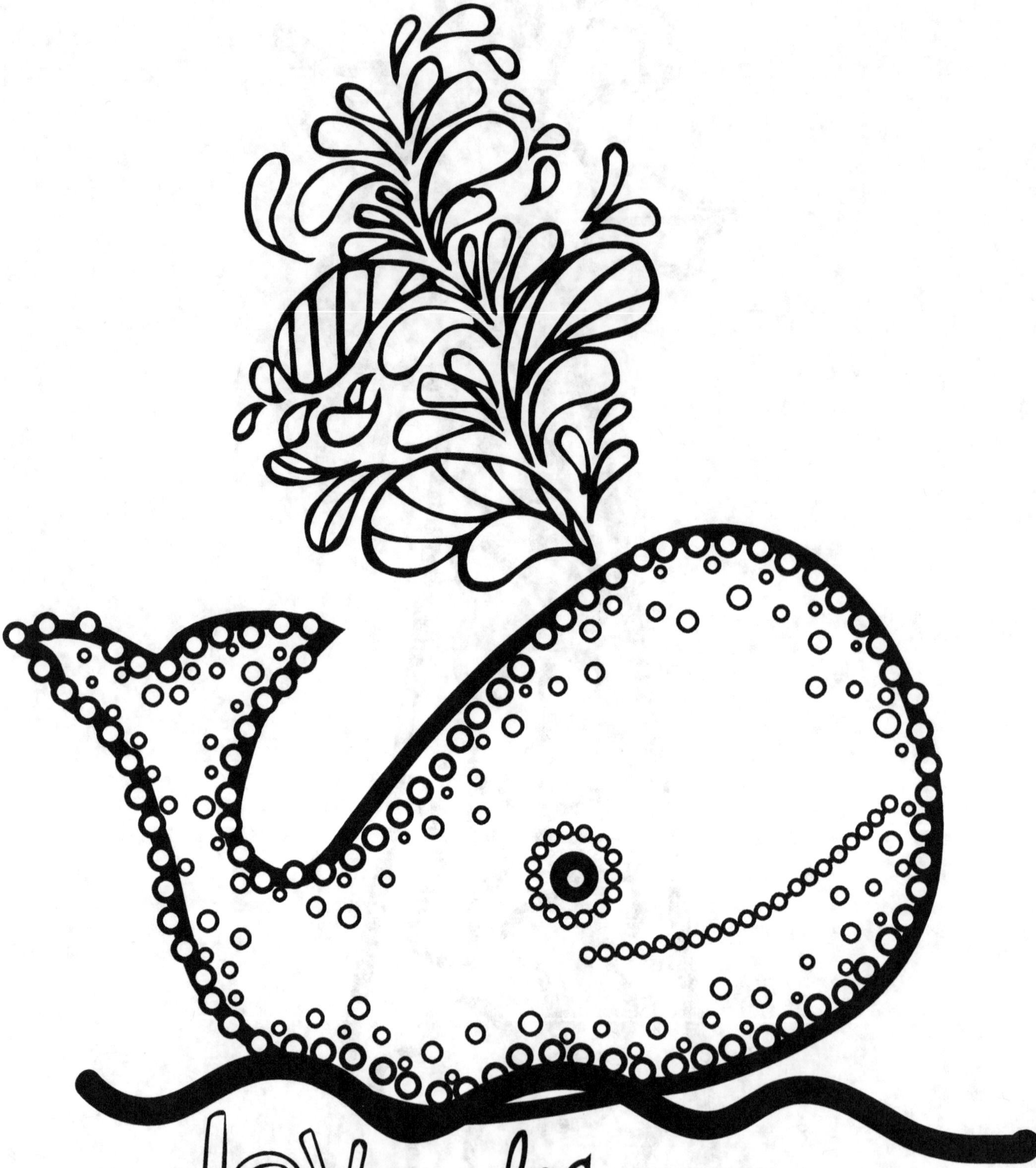
LOVE life

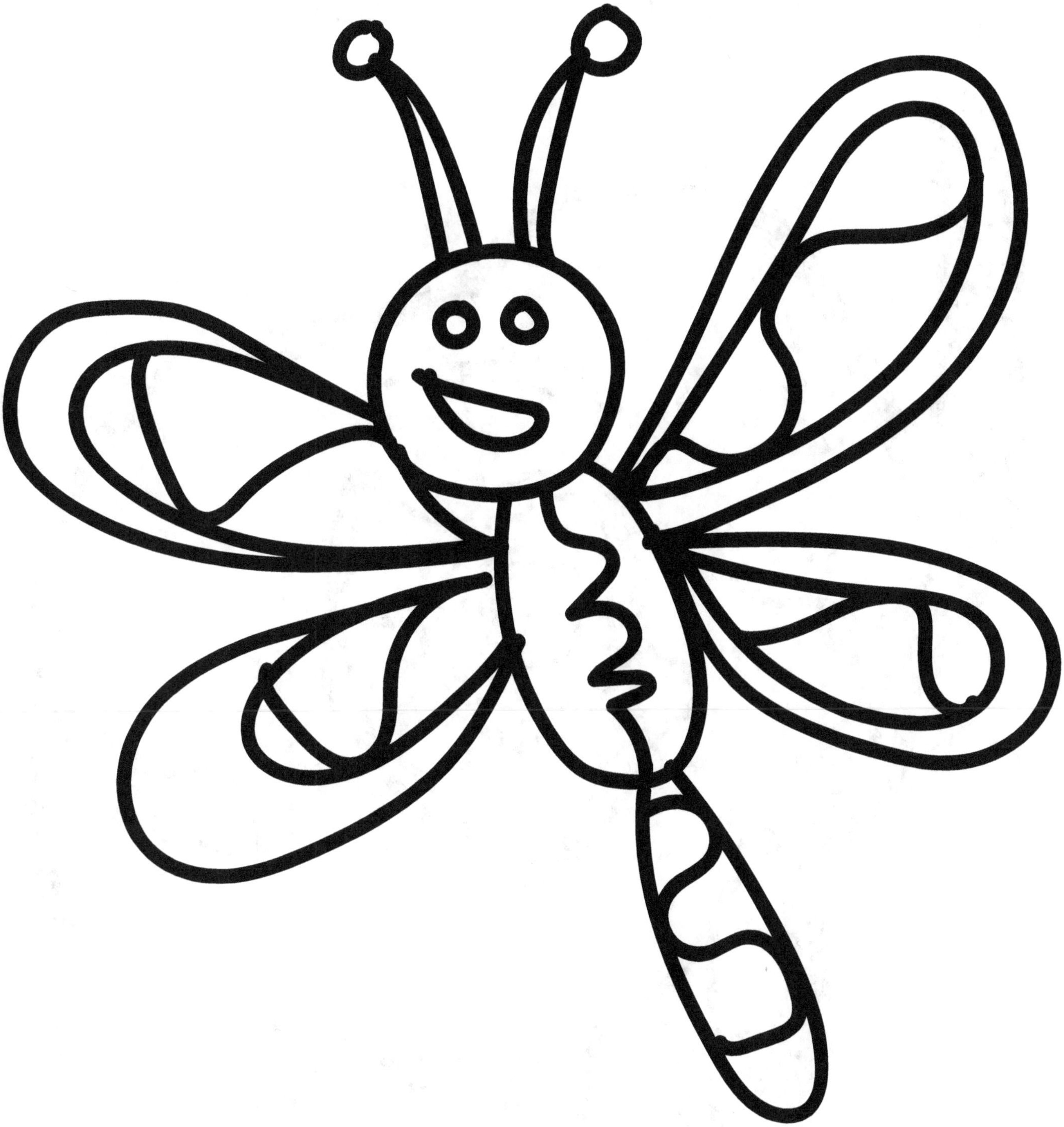

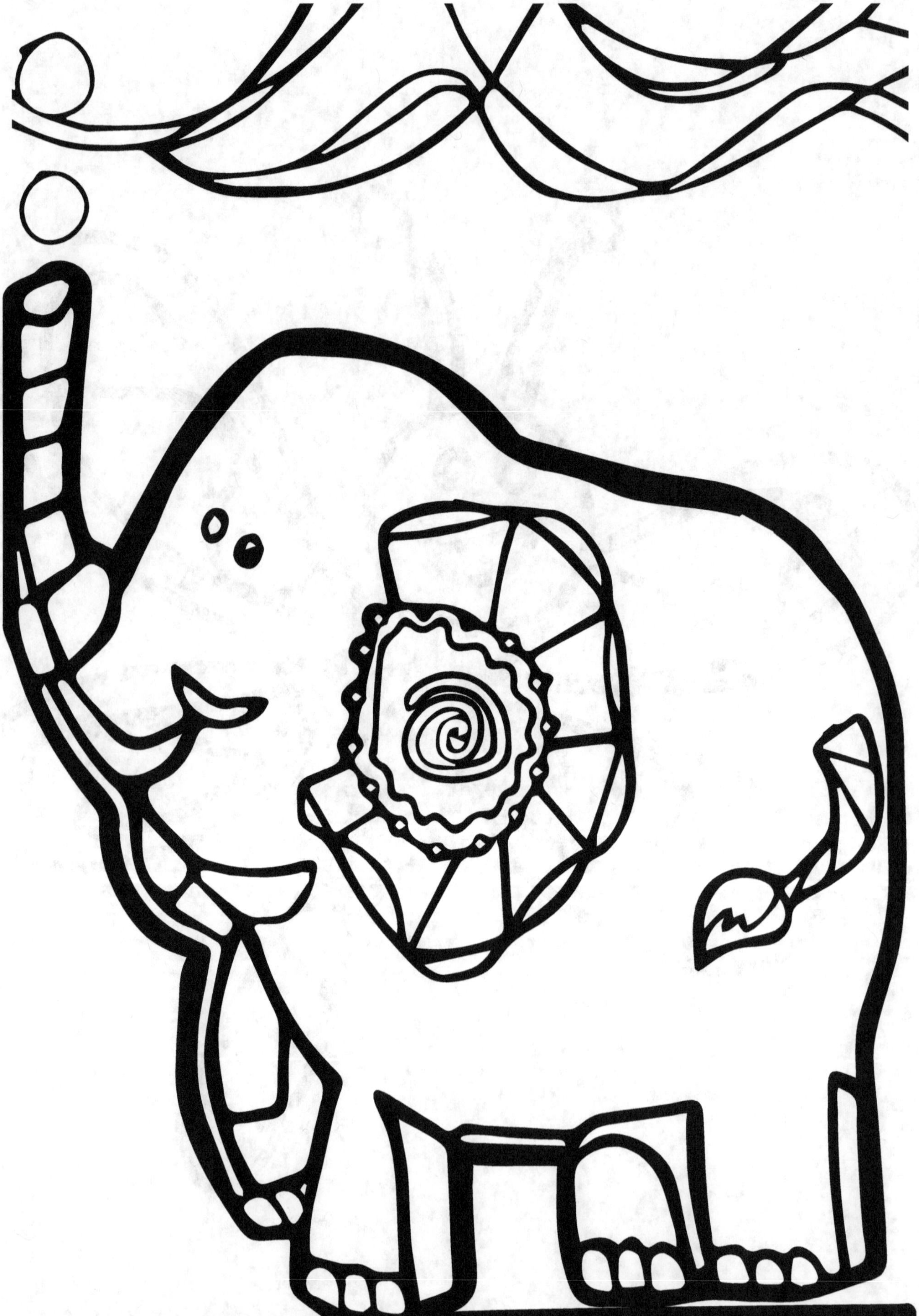

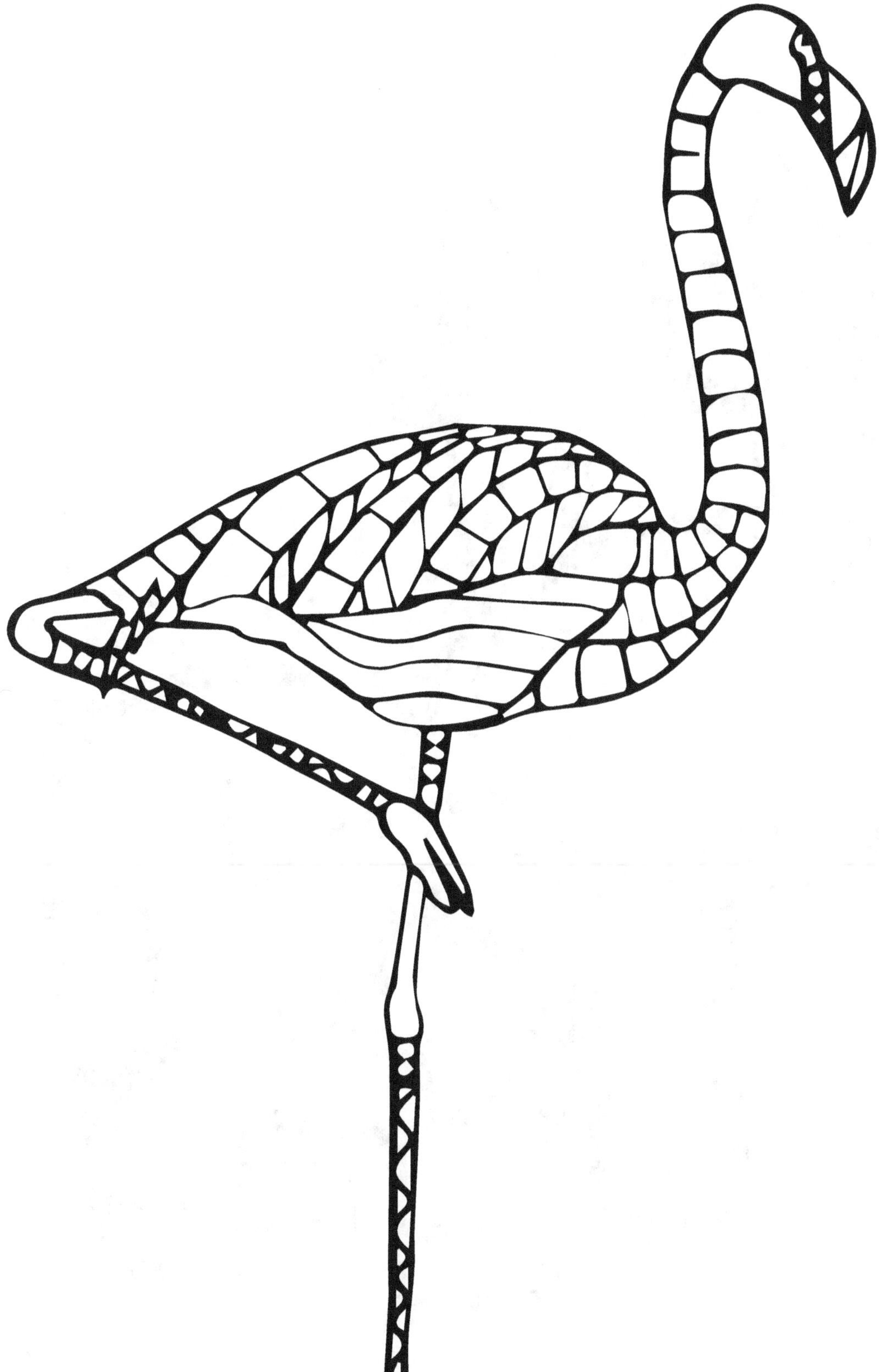

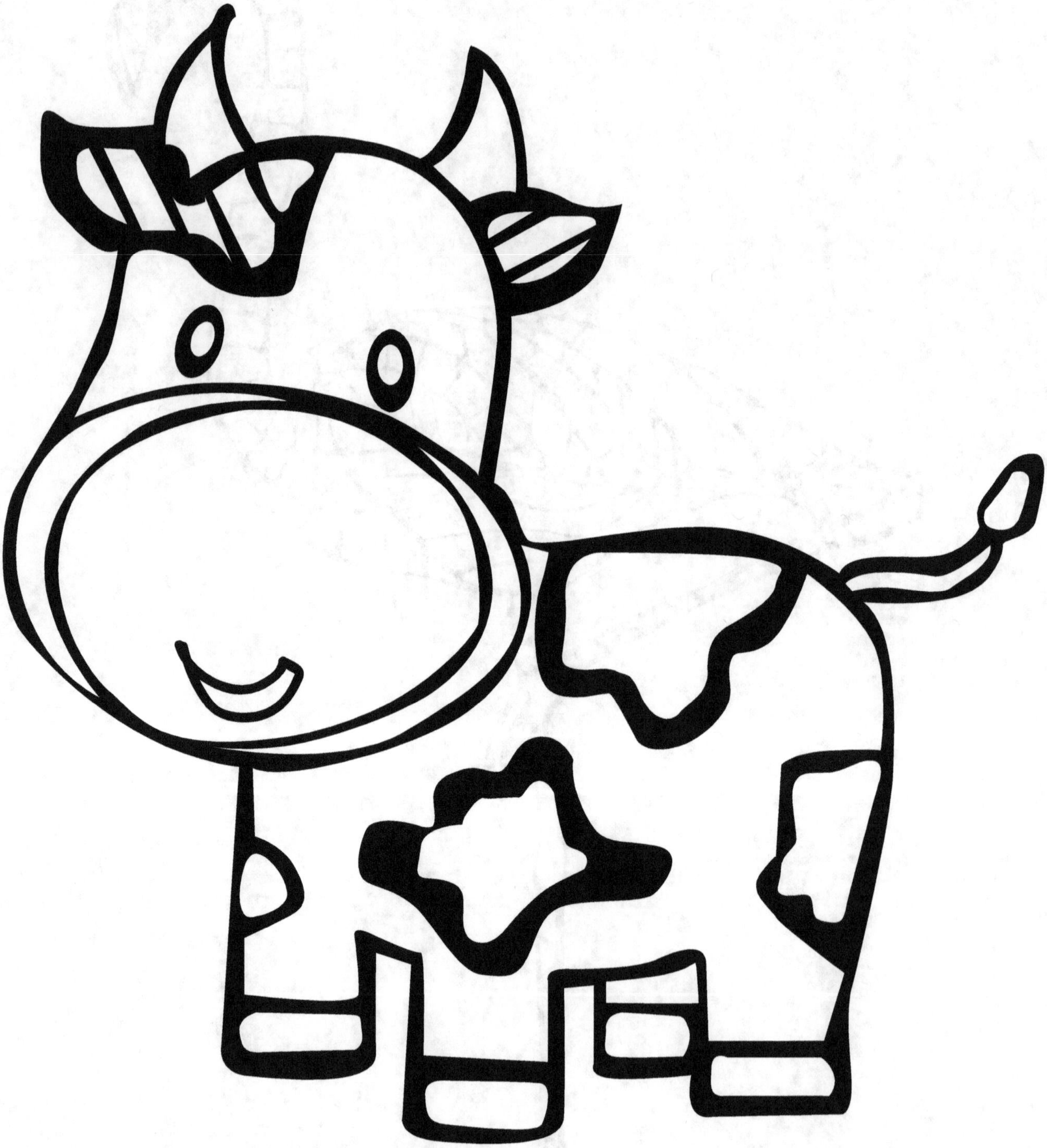

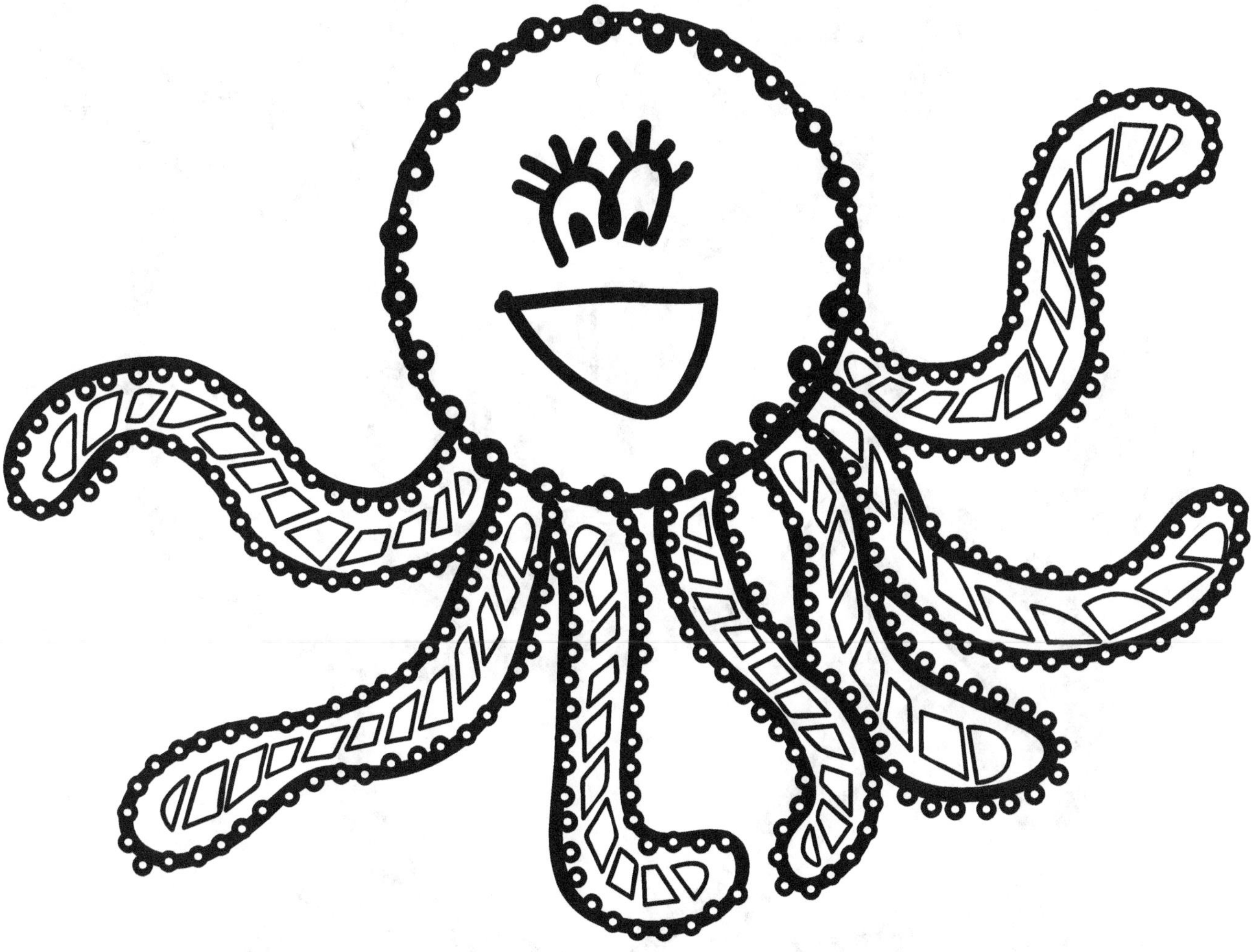

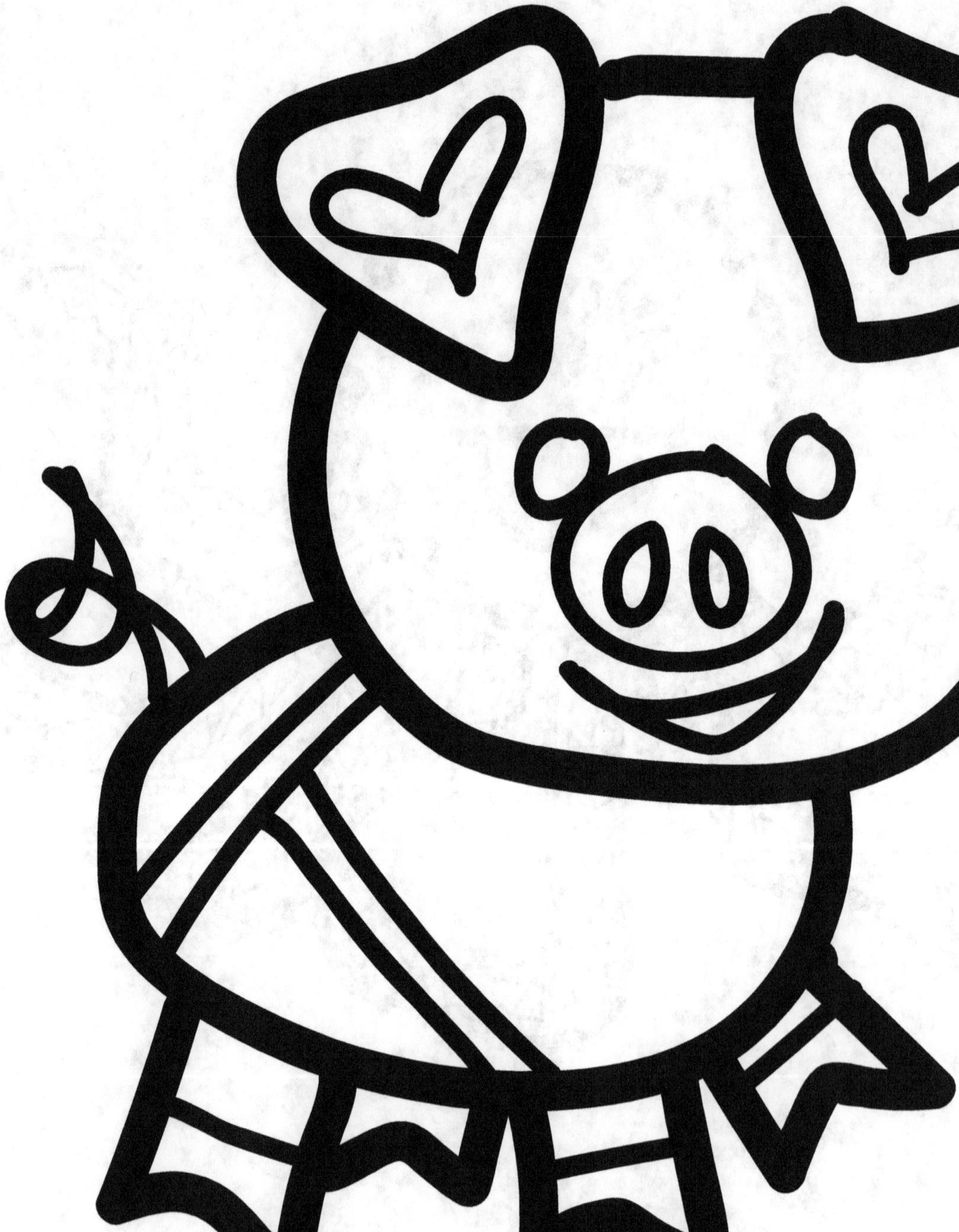

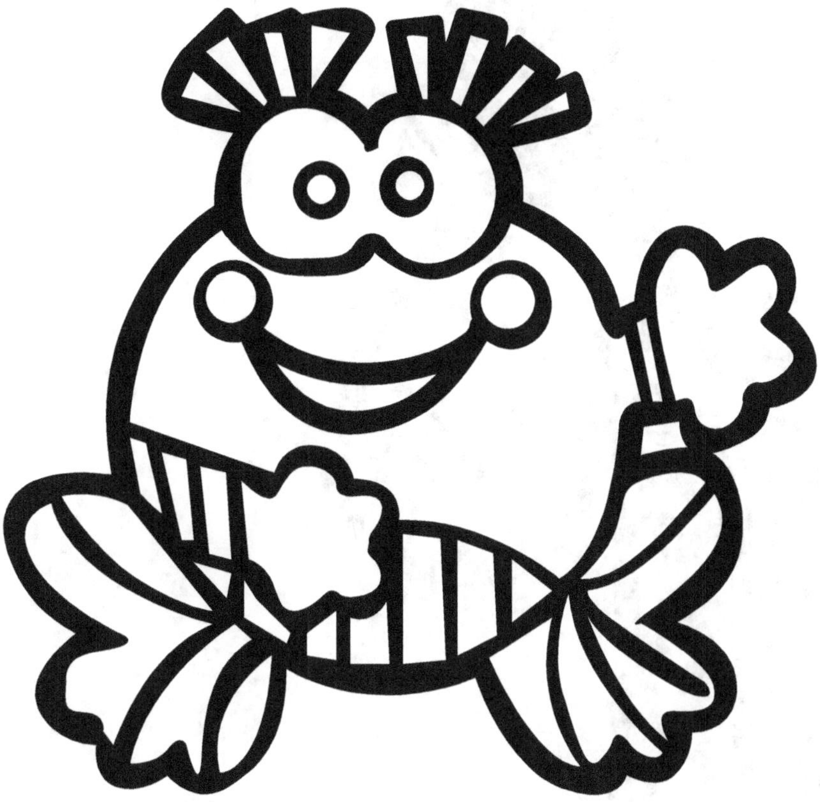

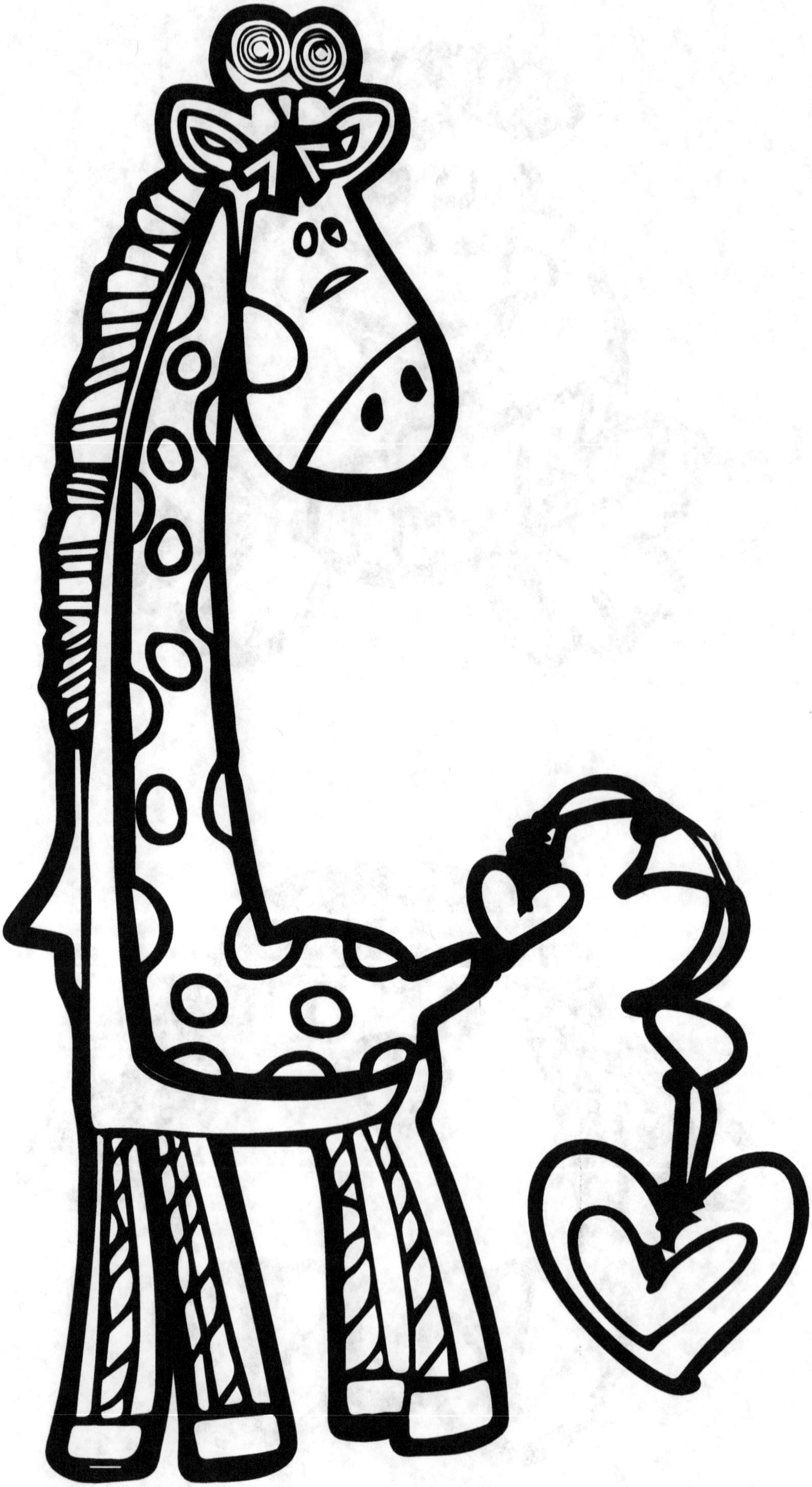

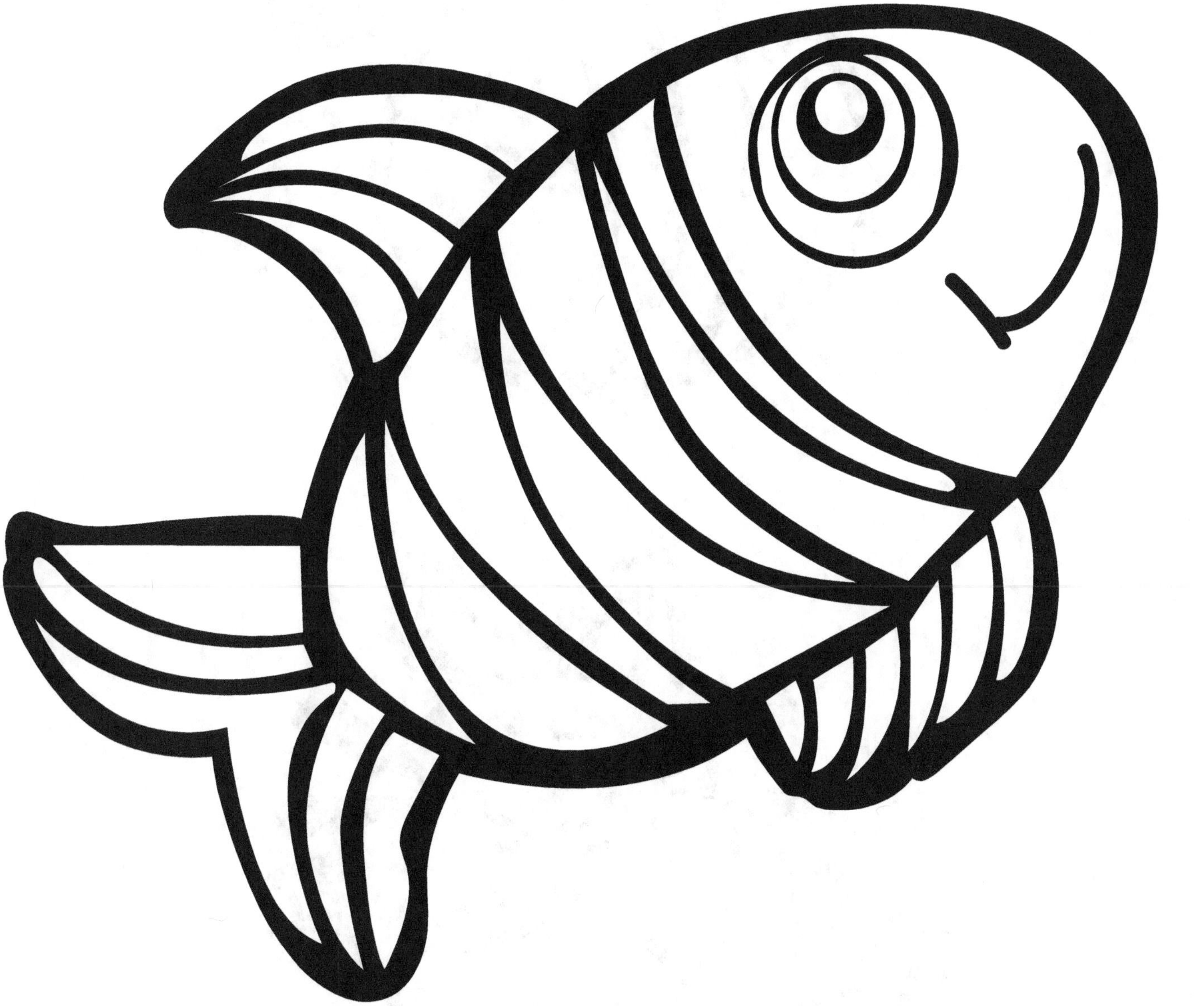

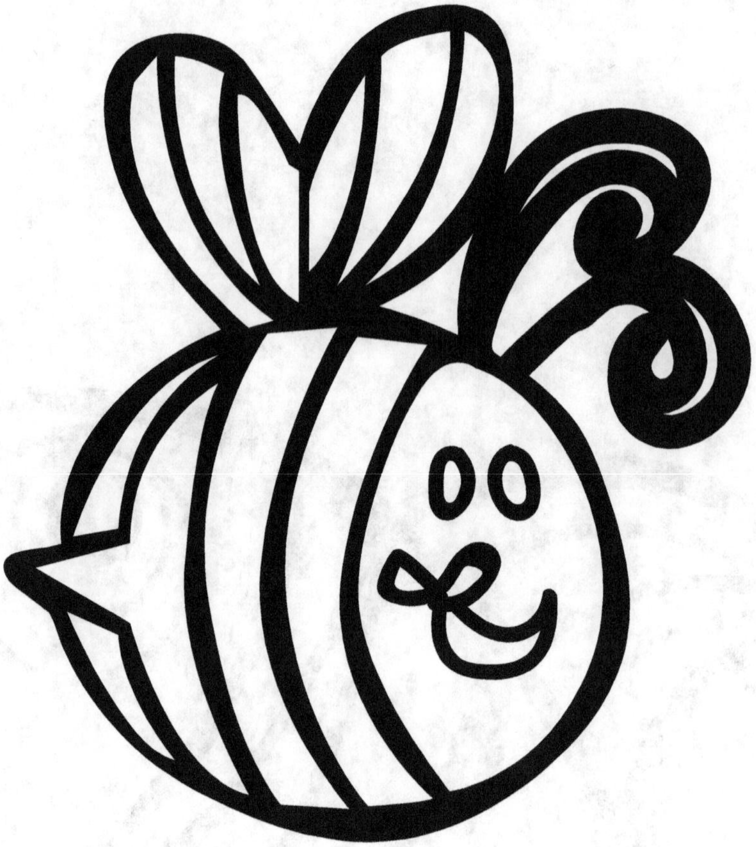

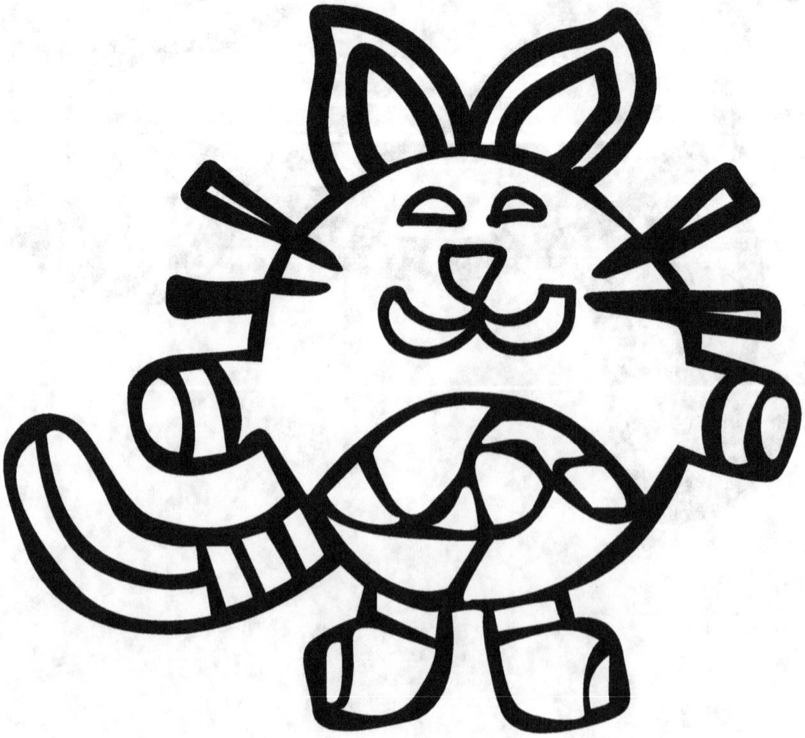

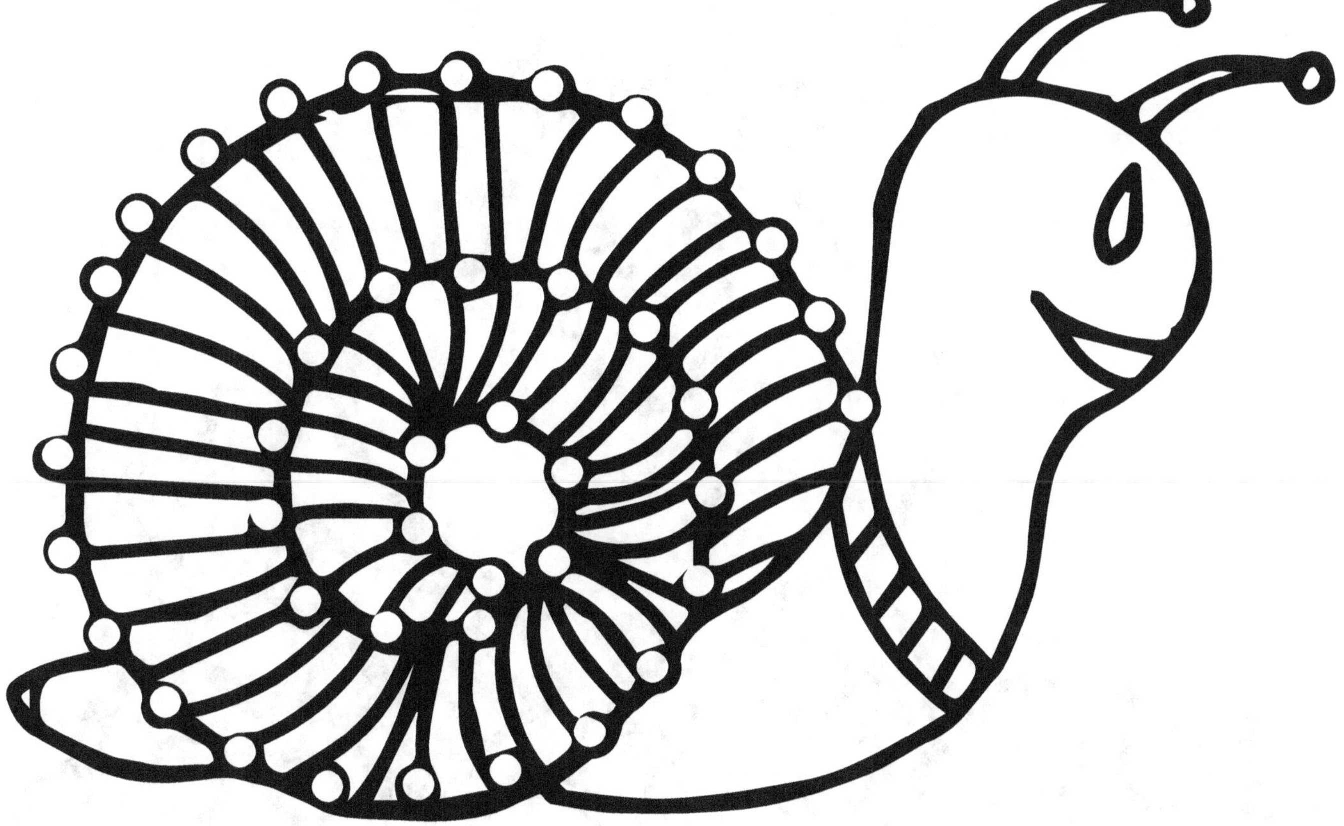

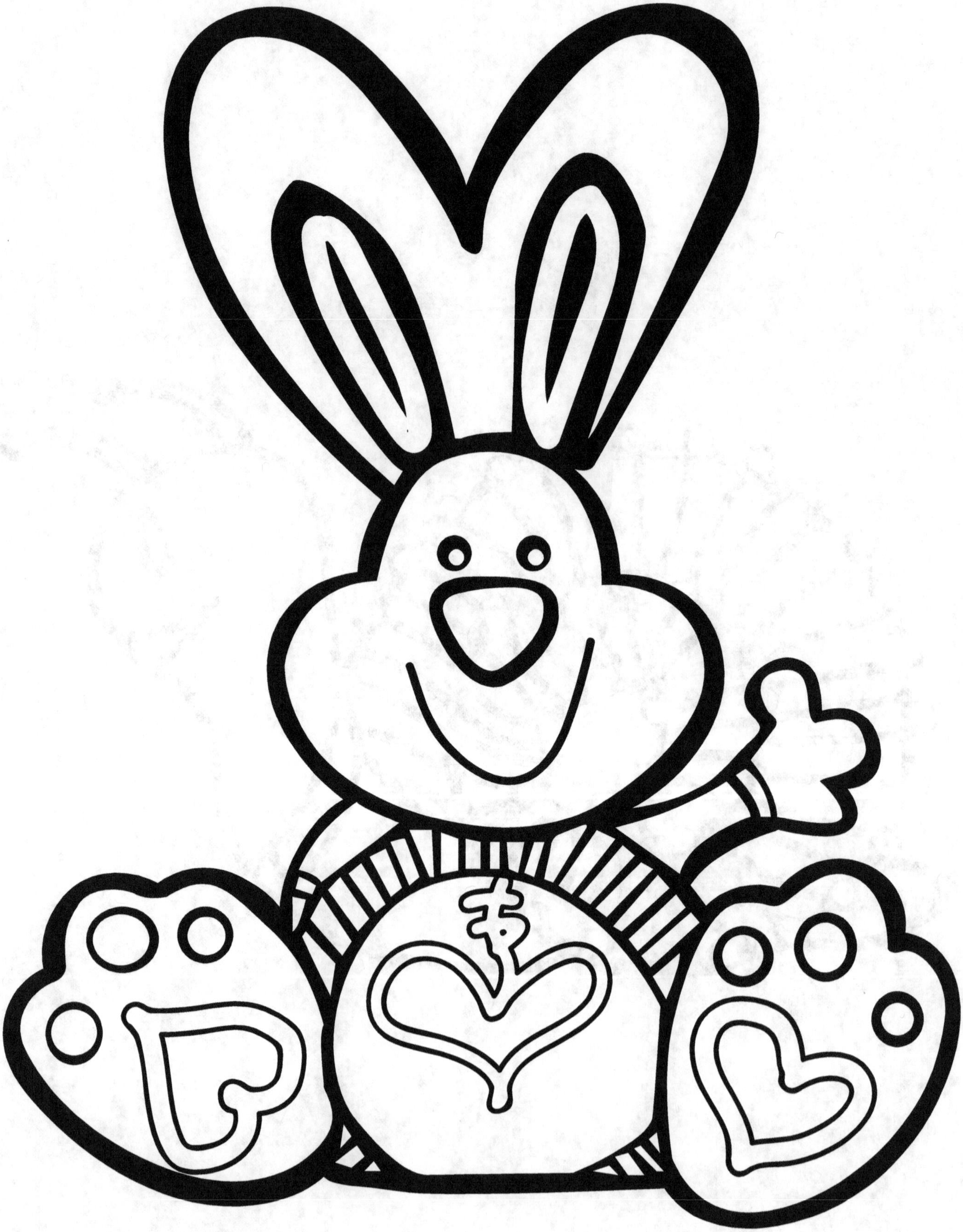

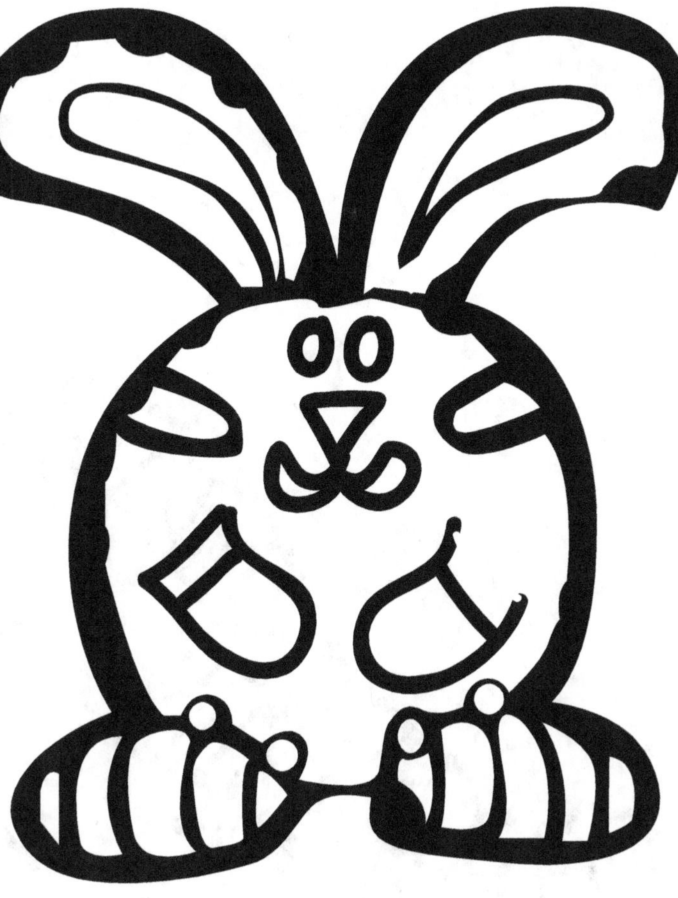

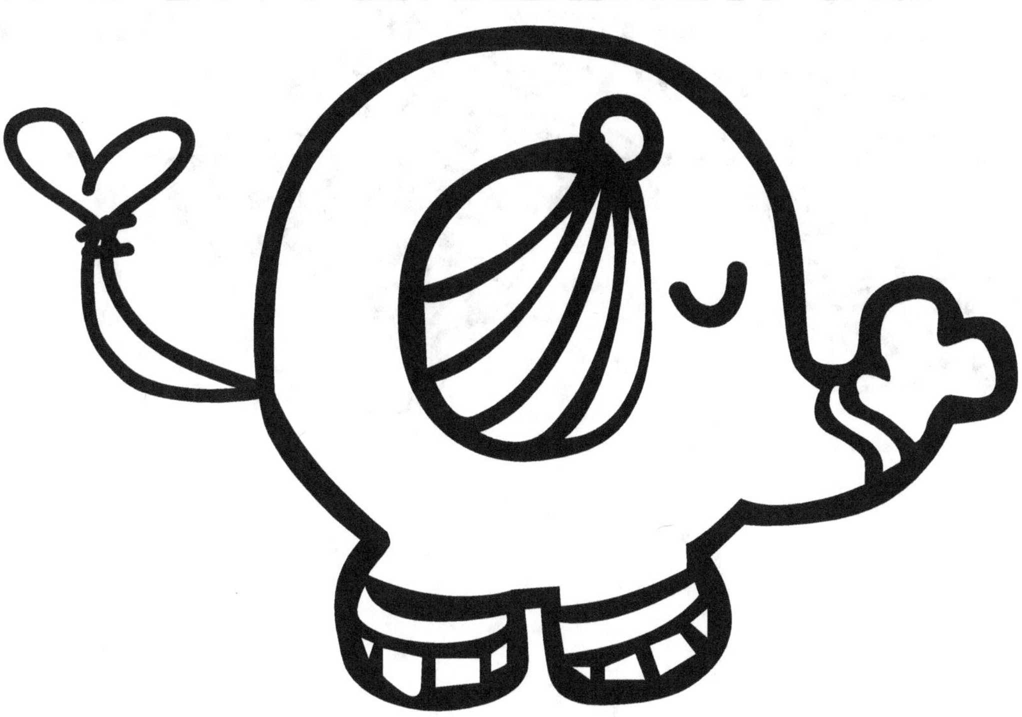

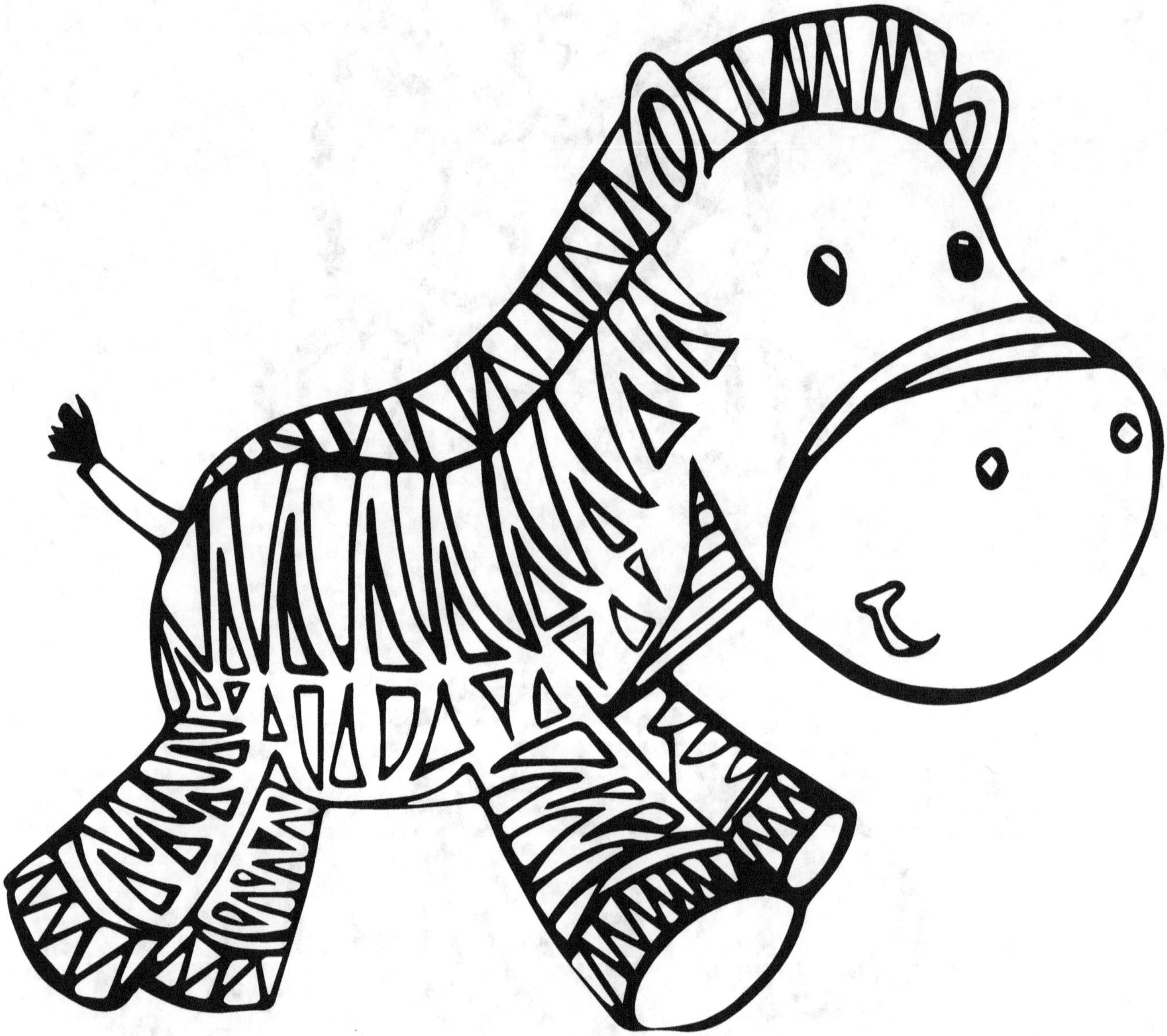

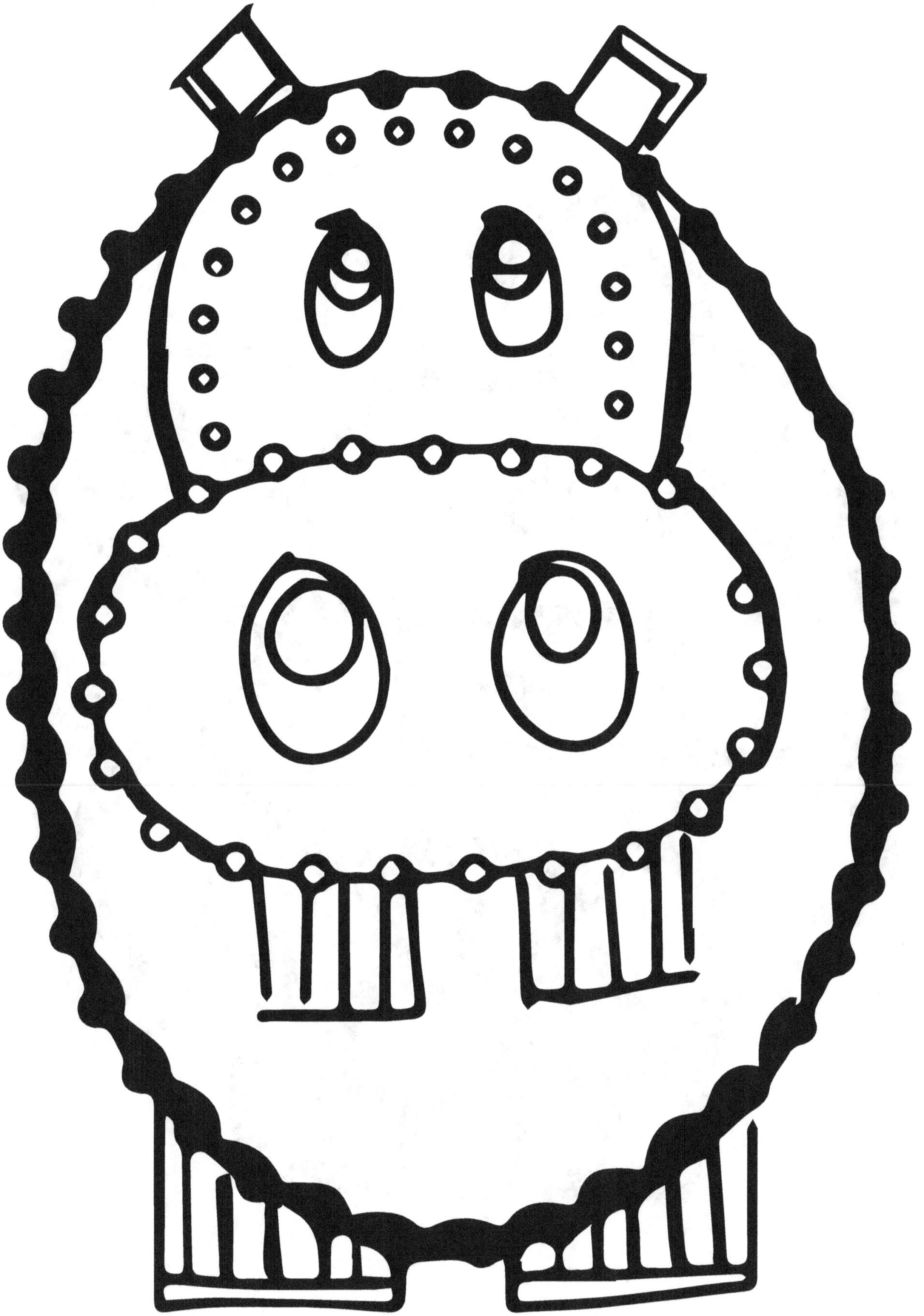

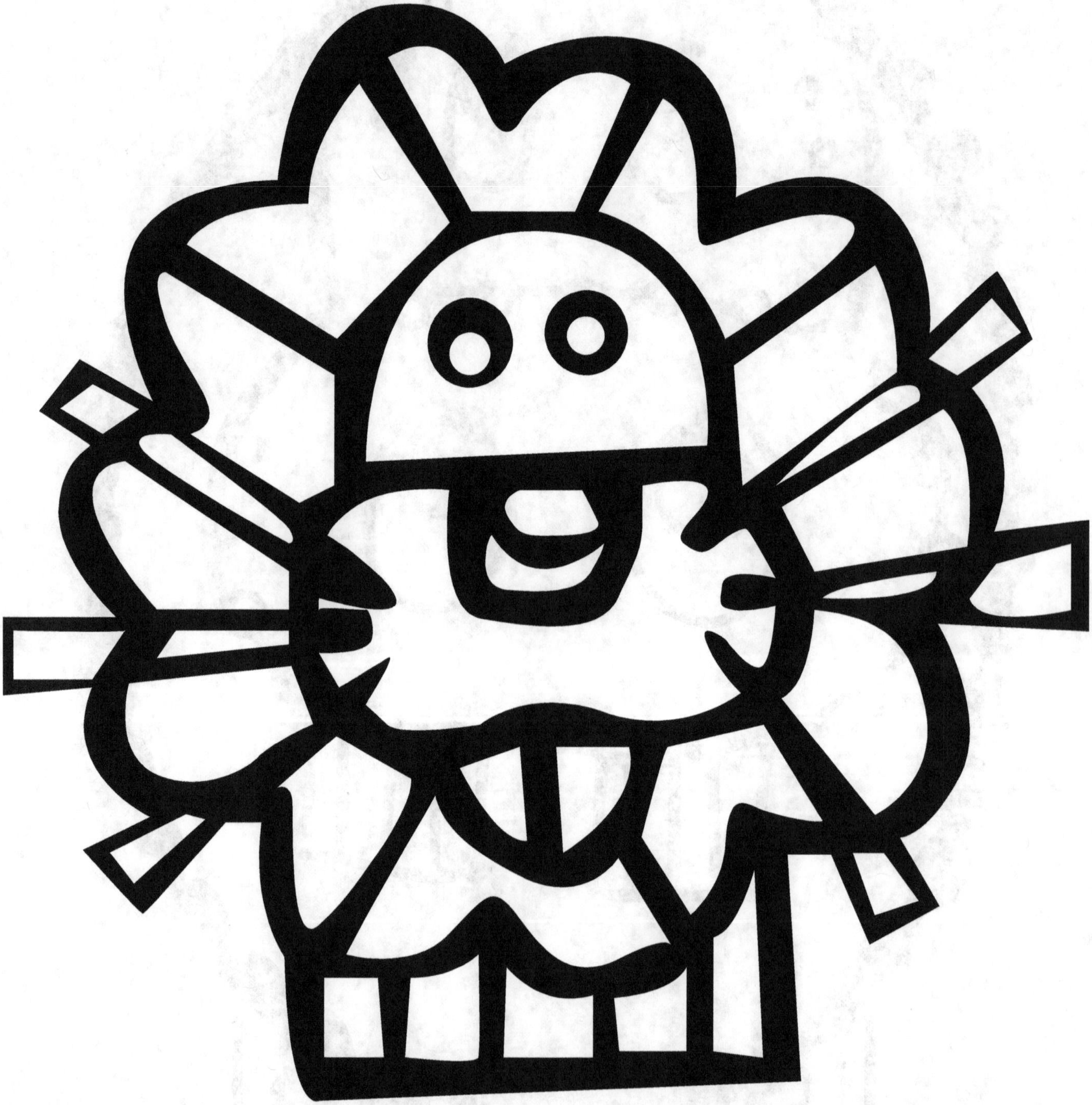

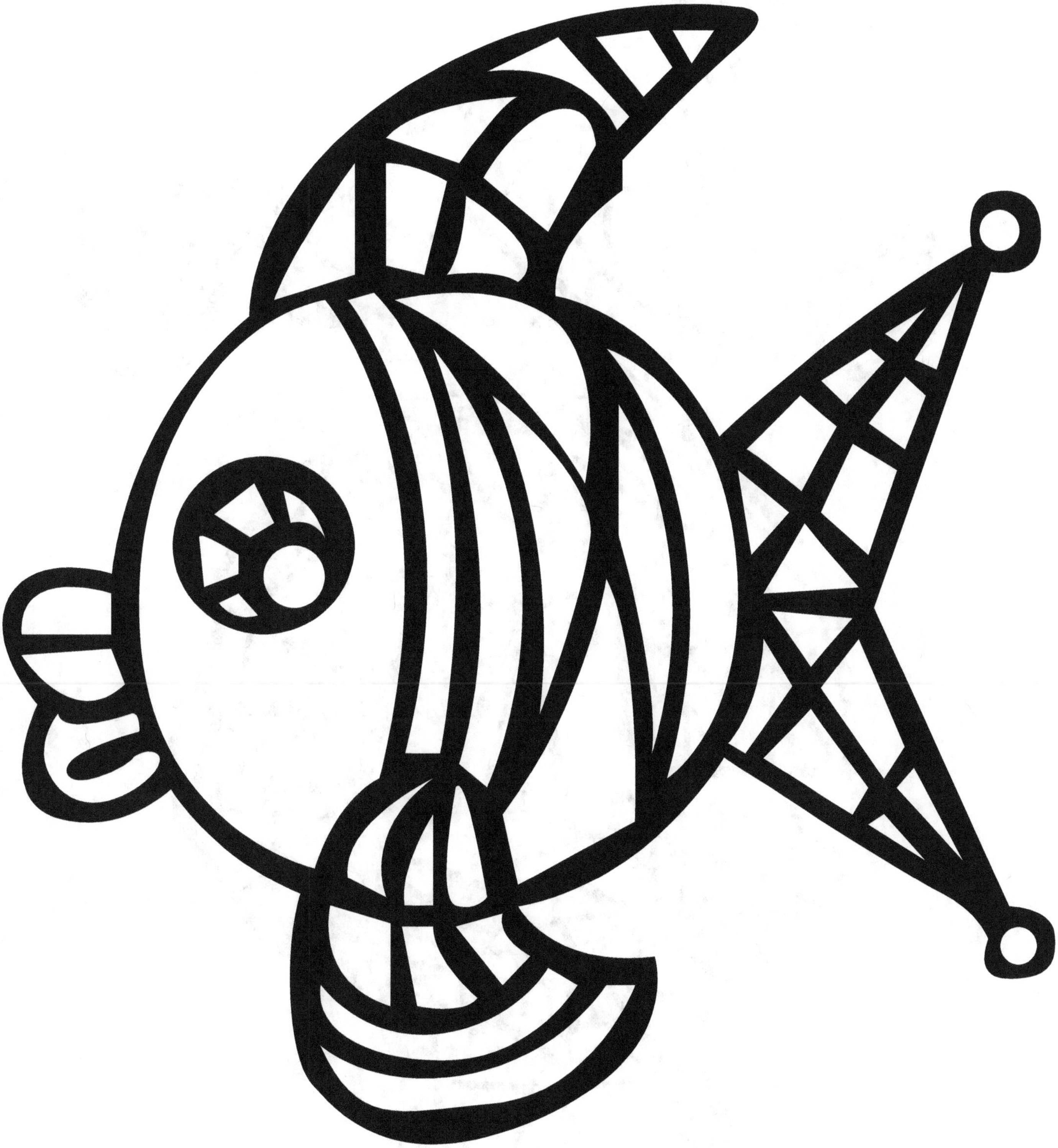

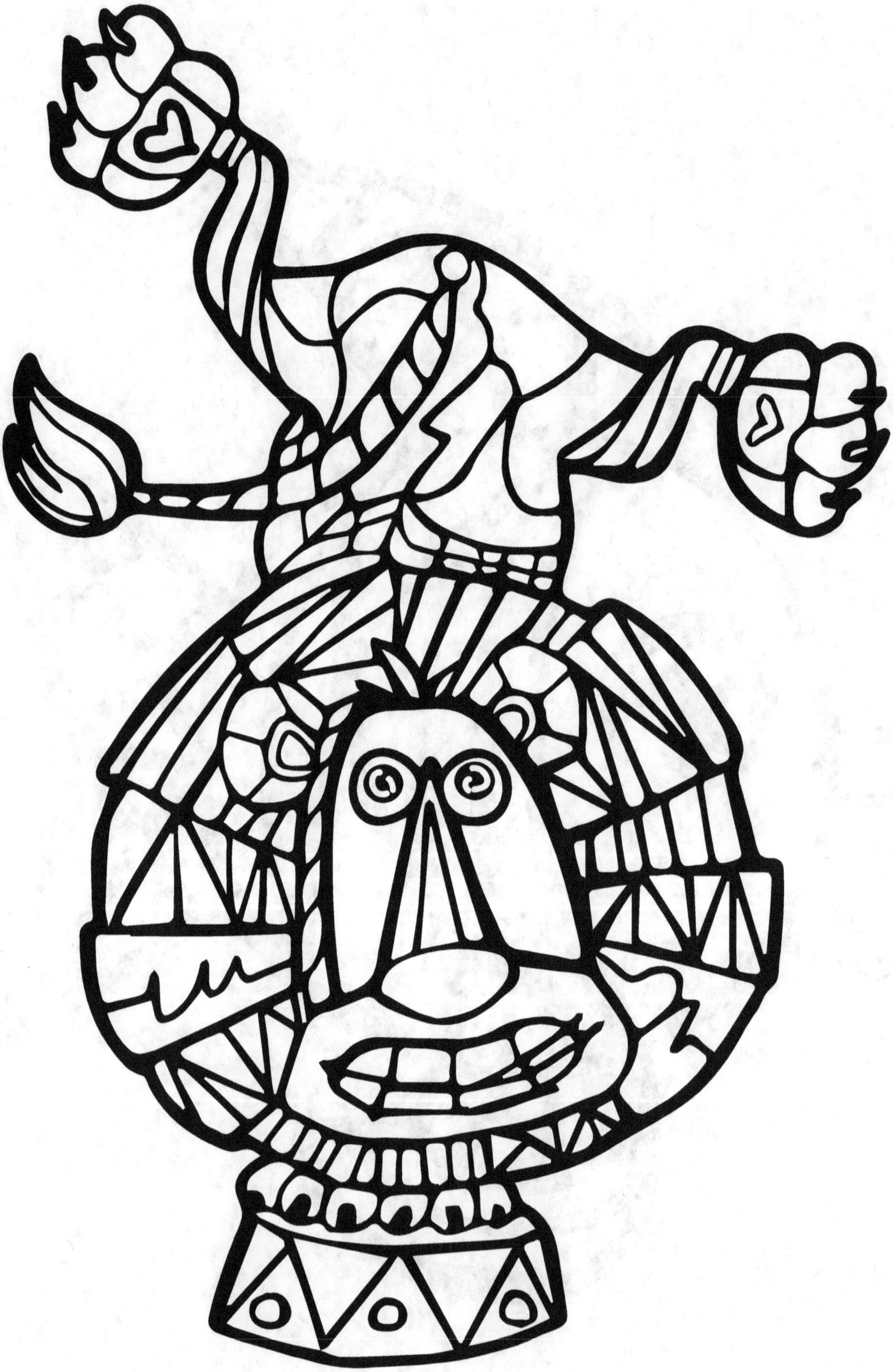

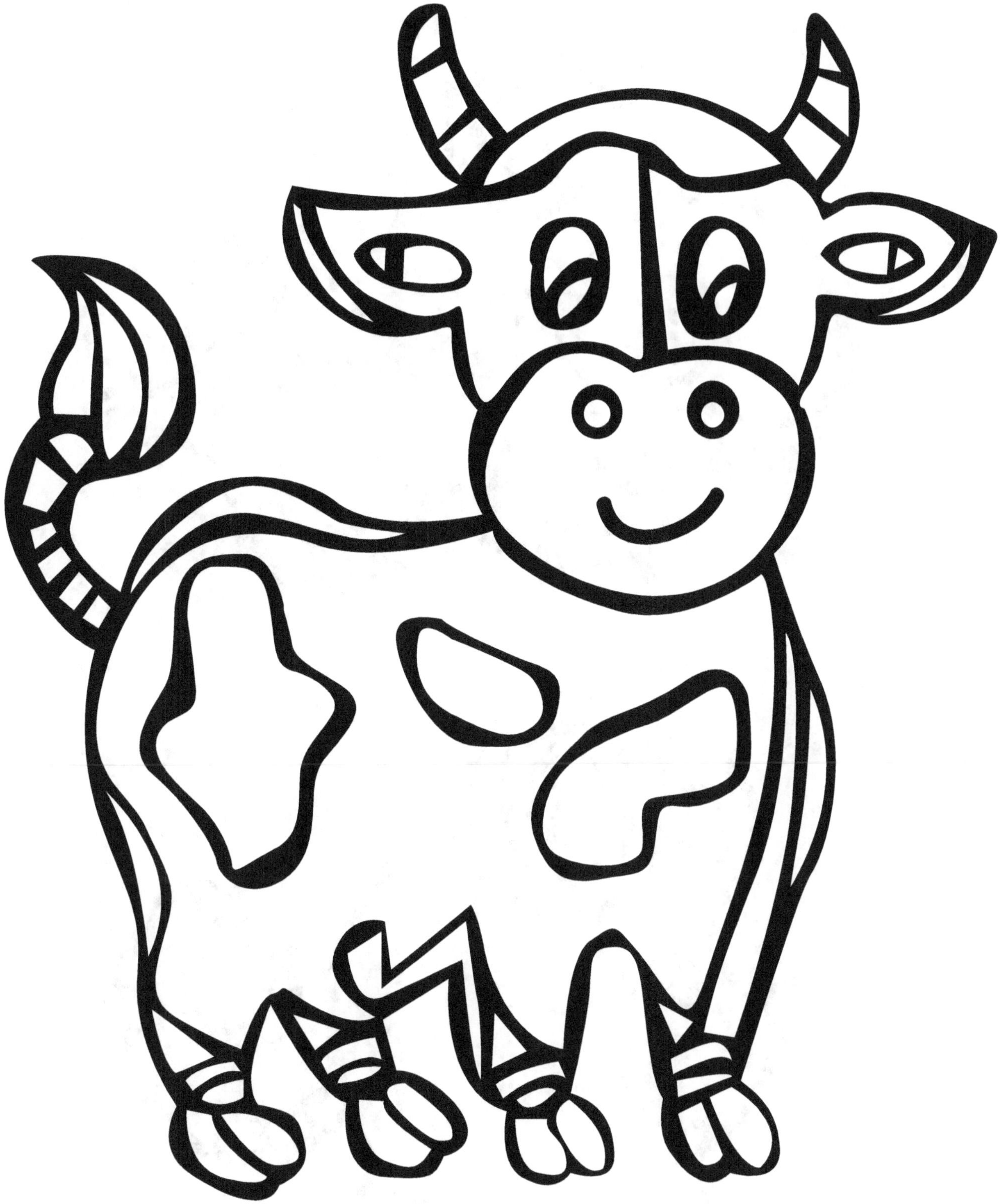

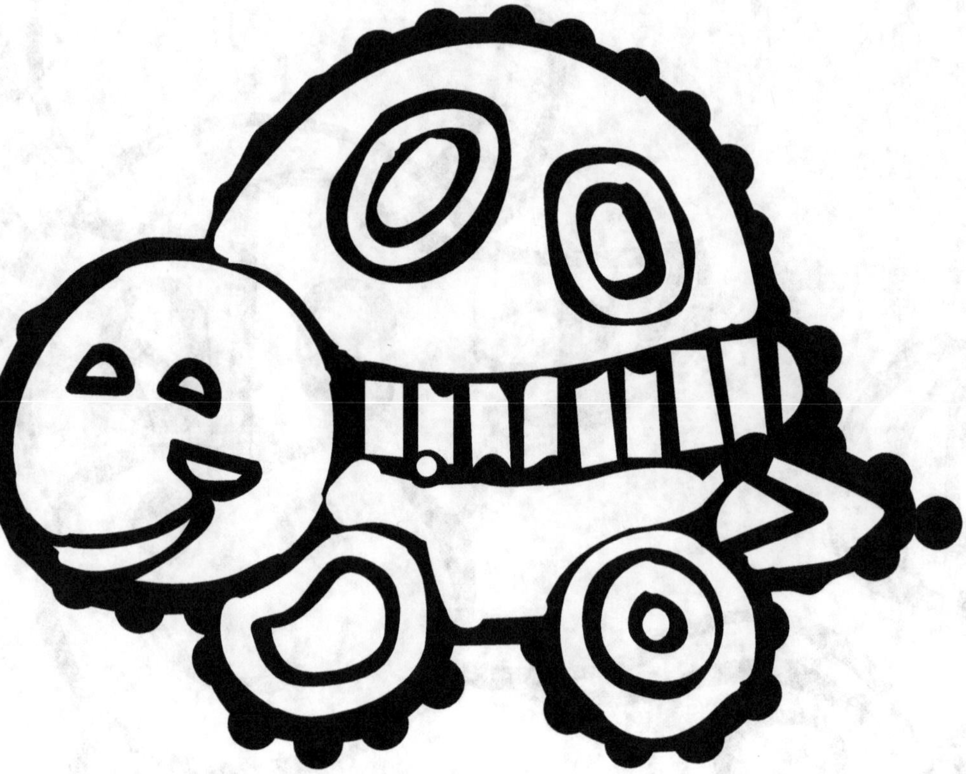

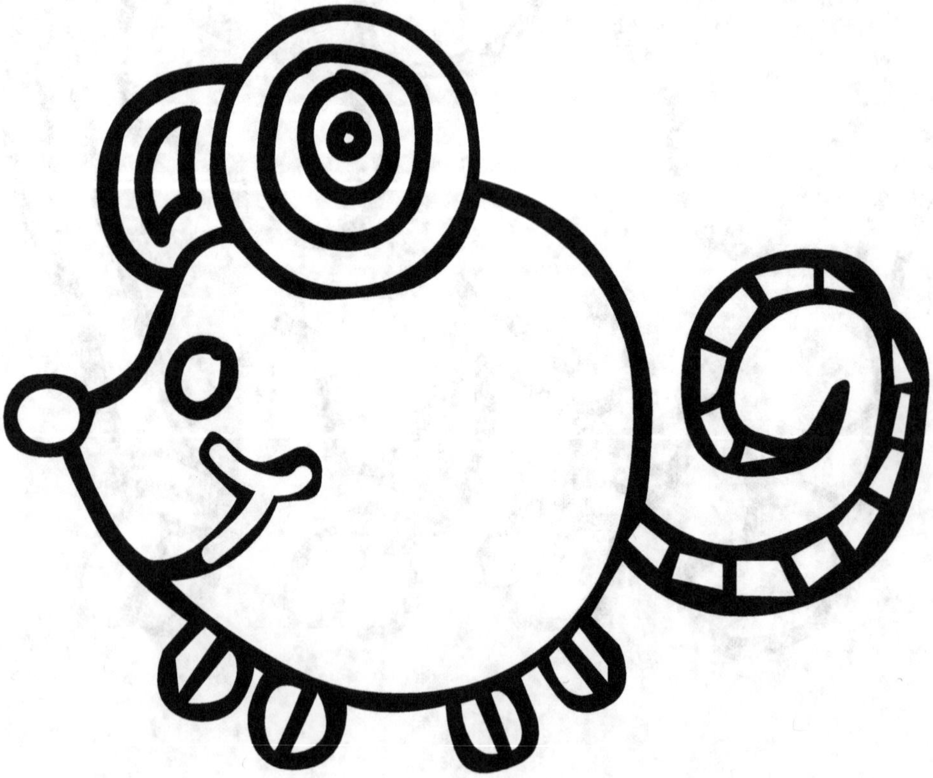

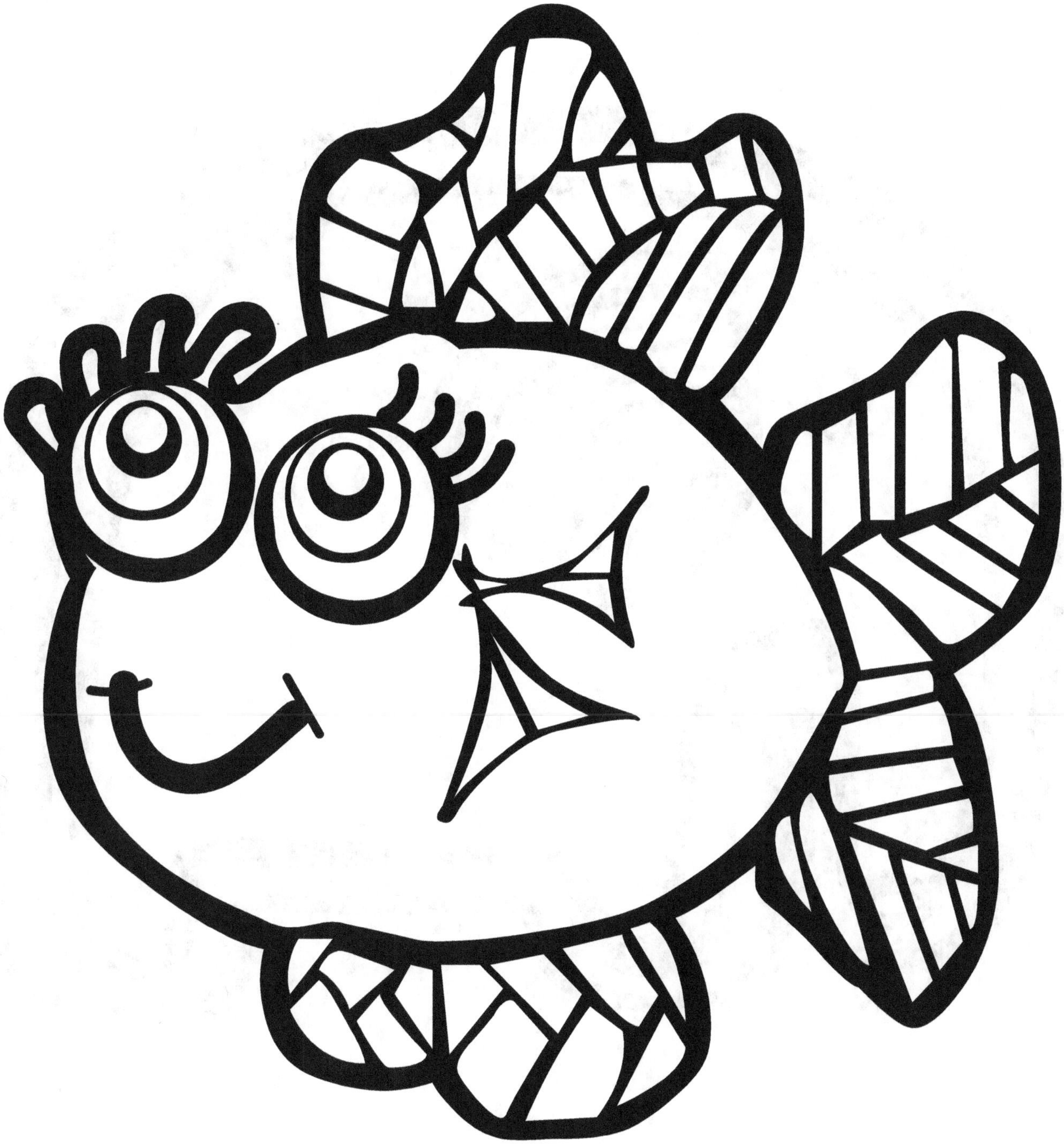

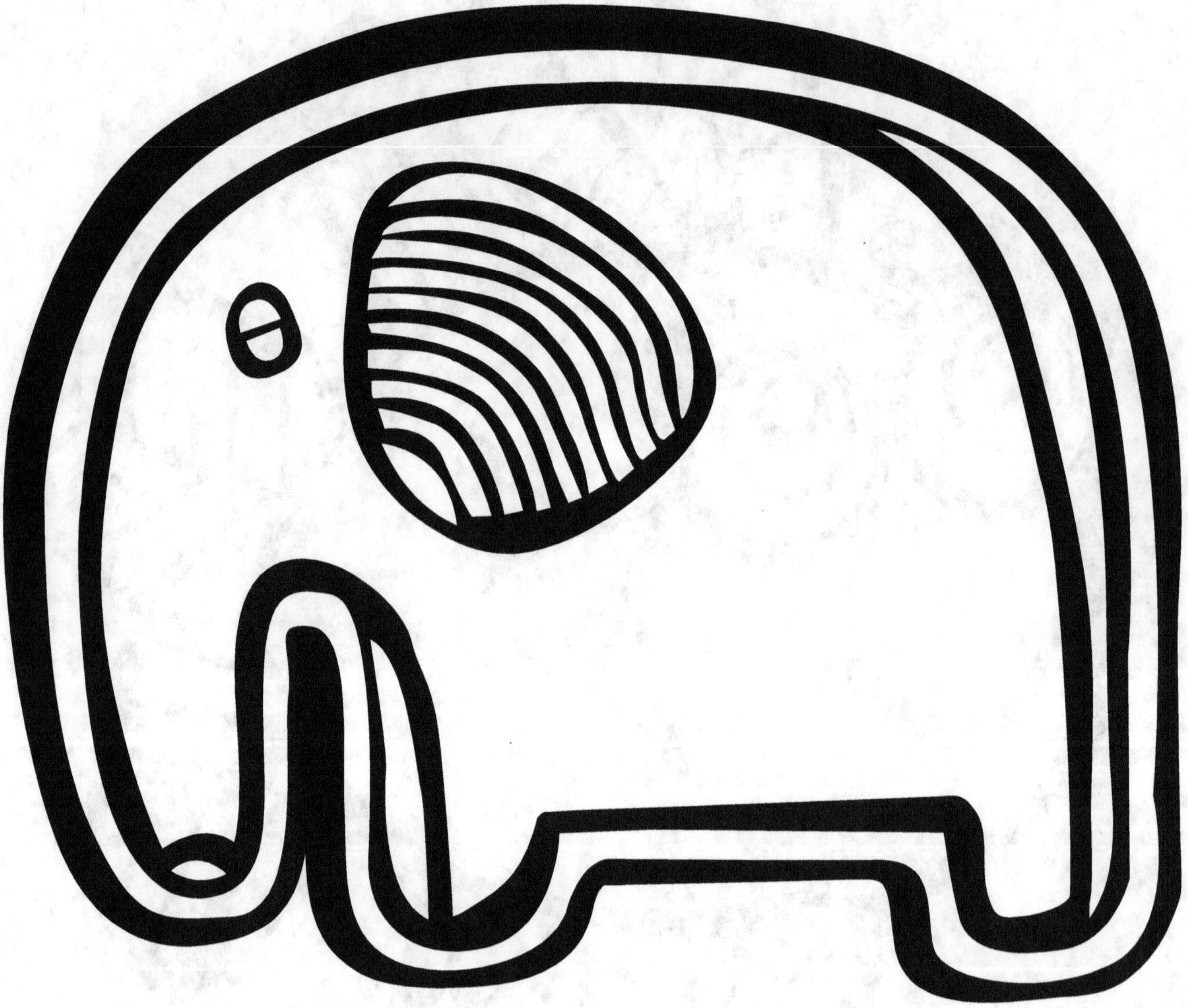

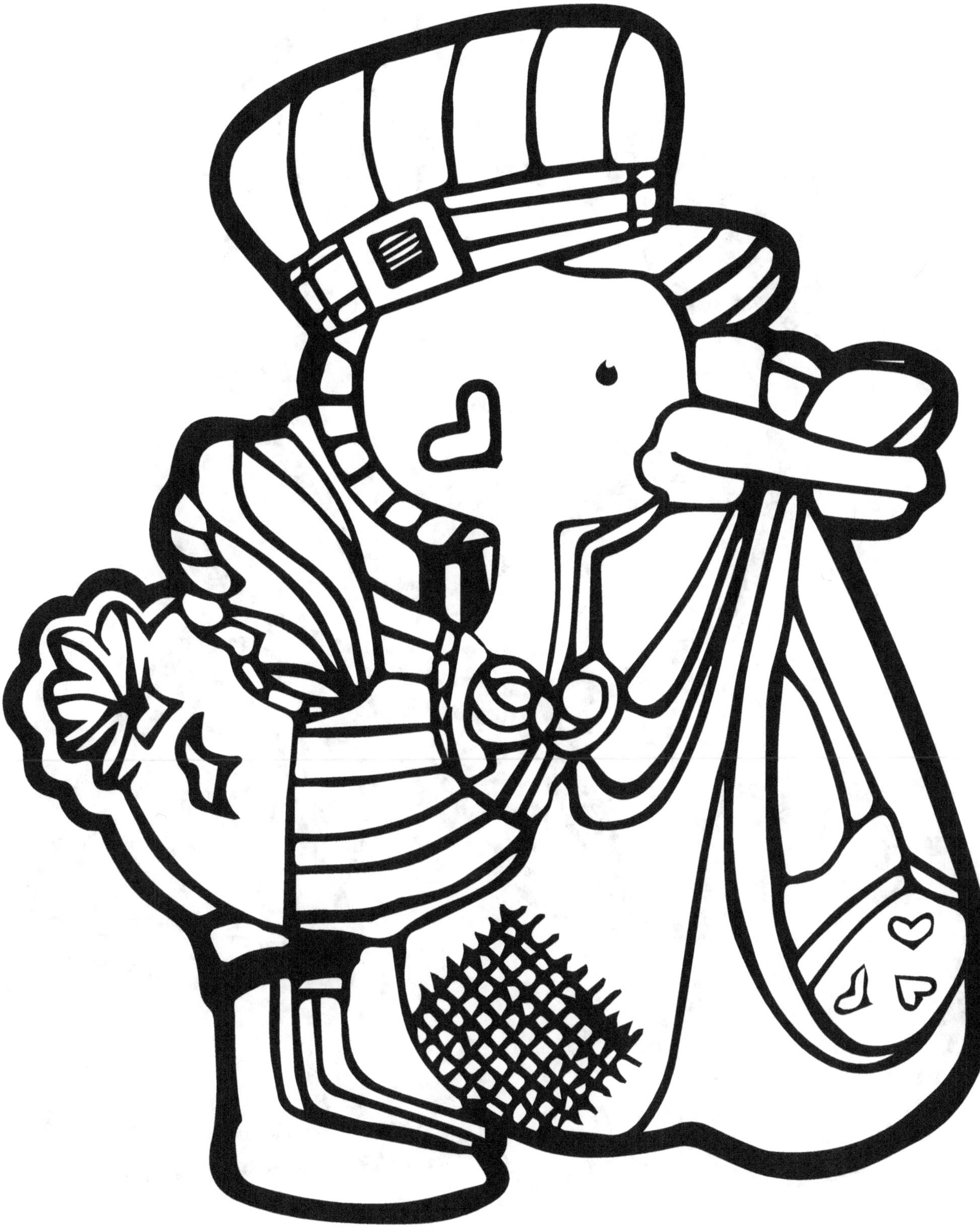

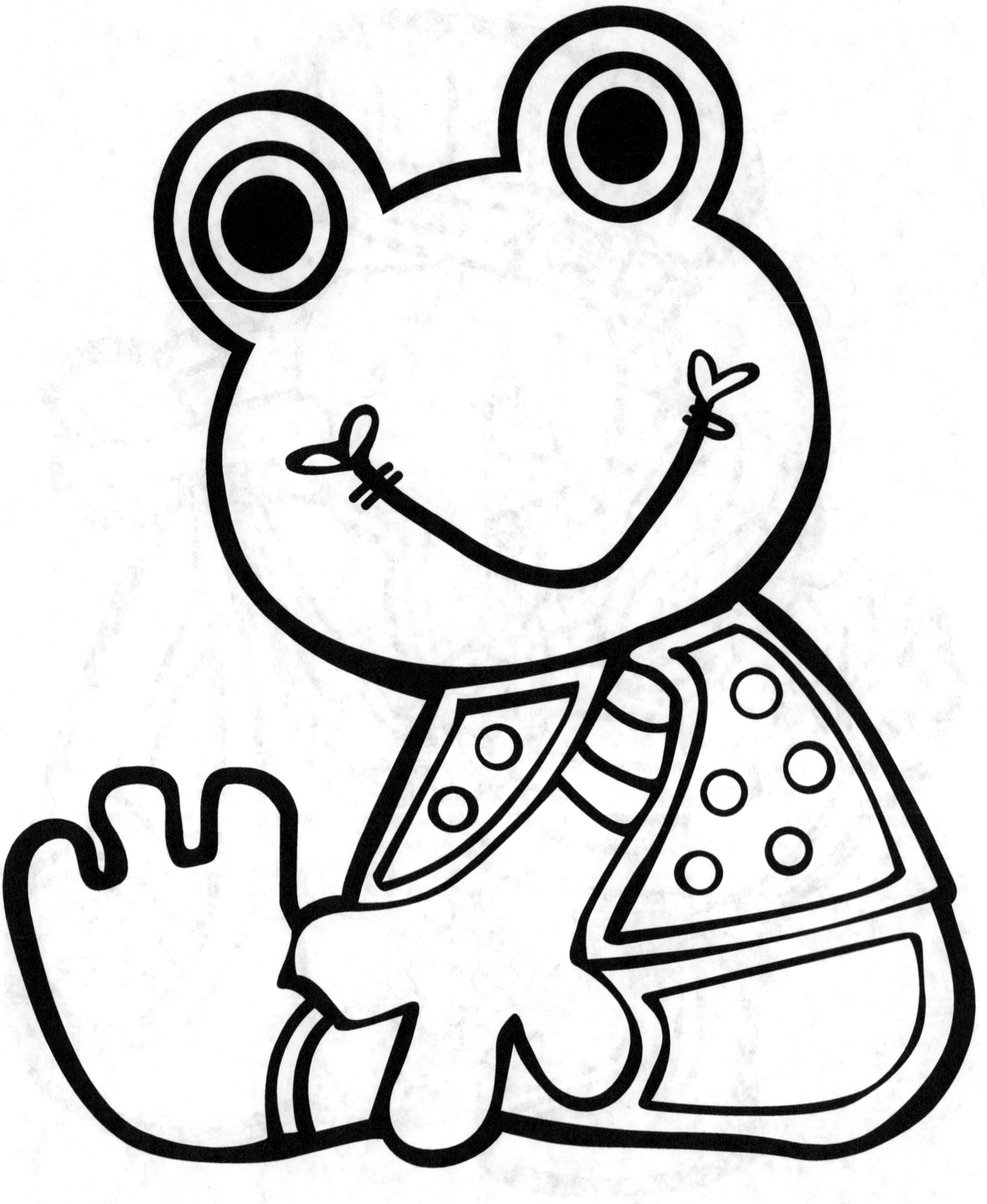

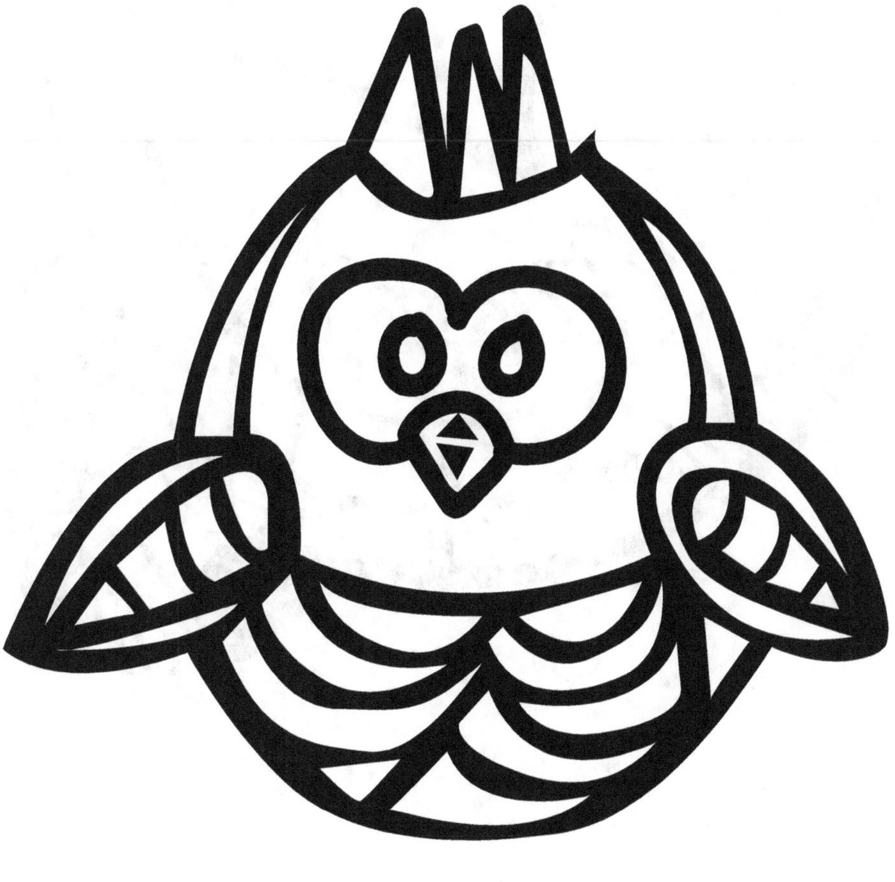

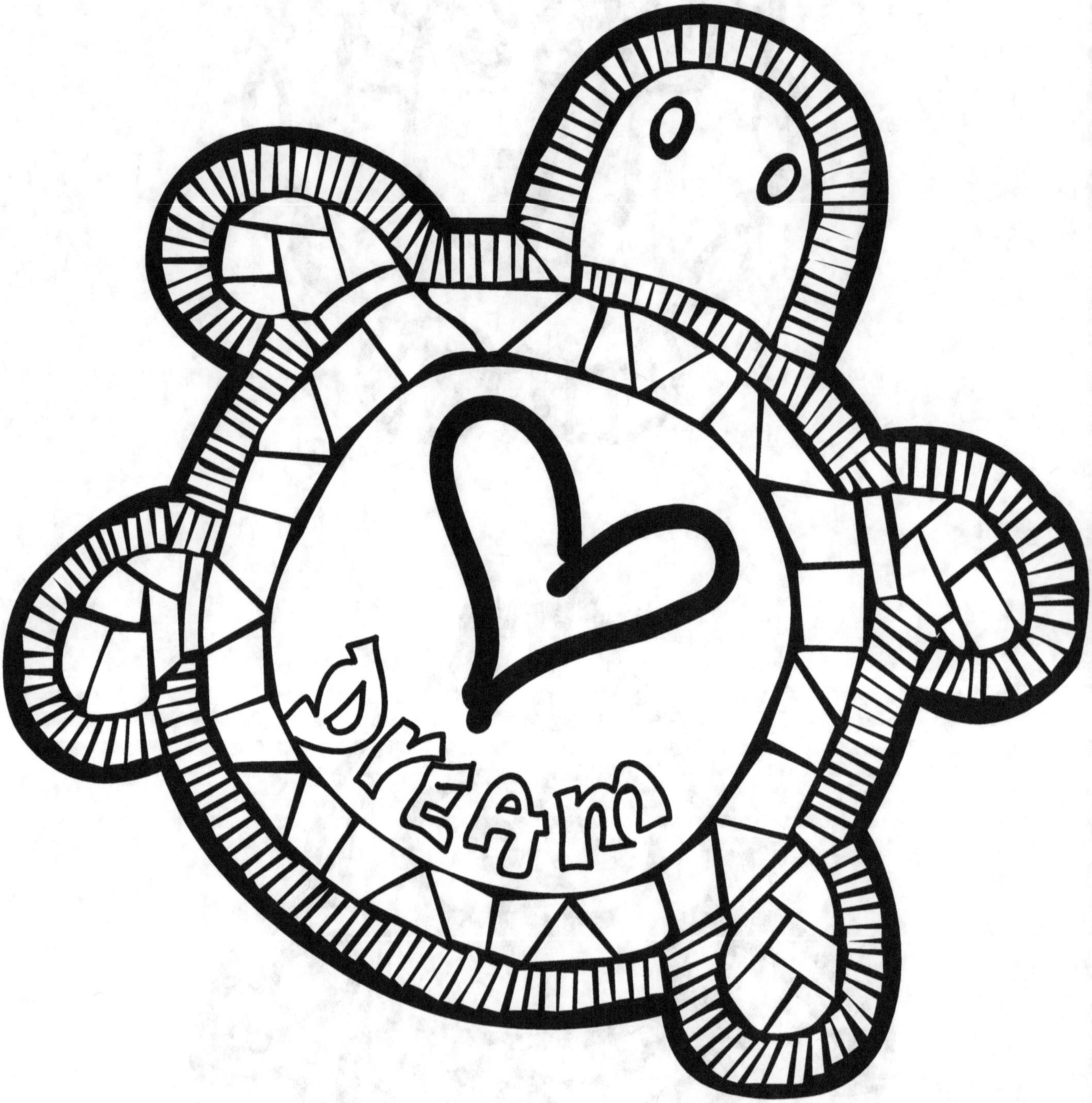
Dream

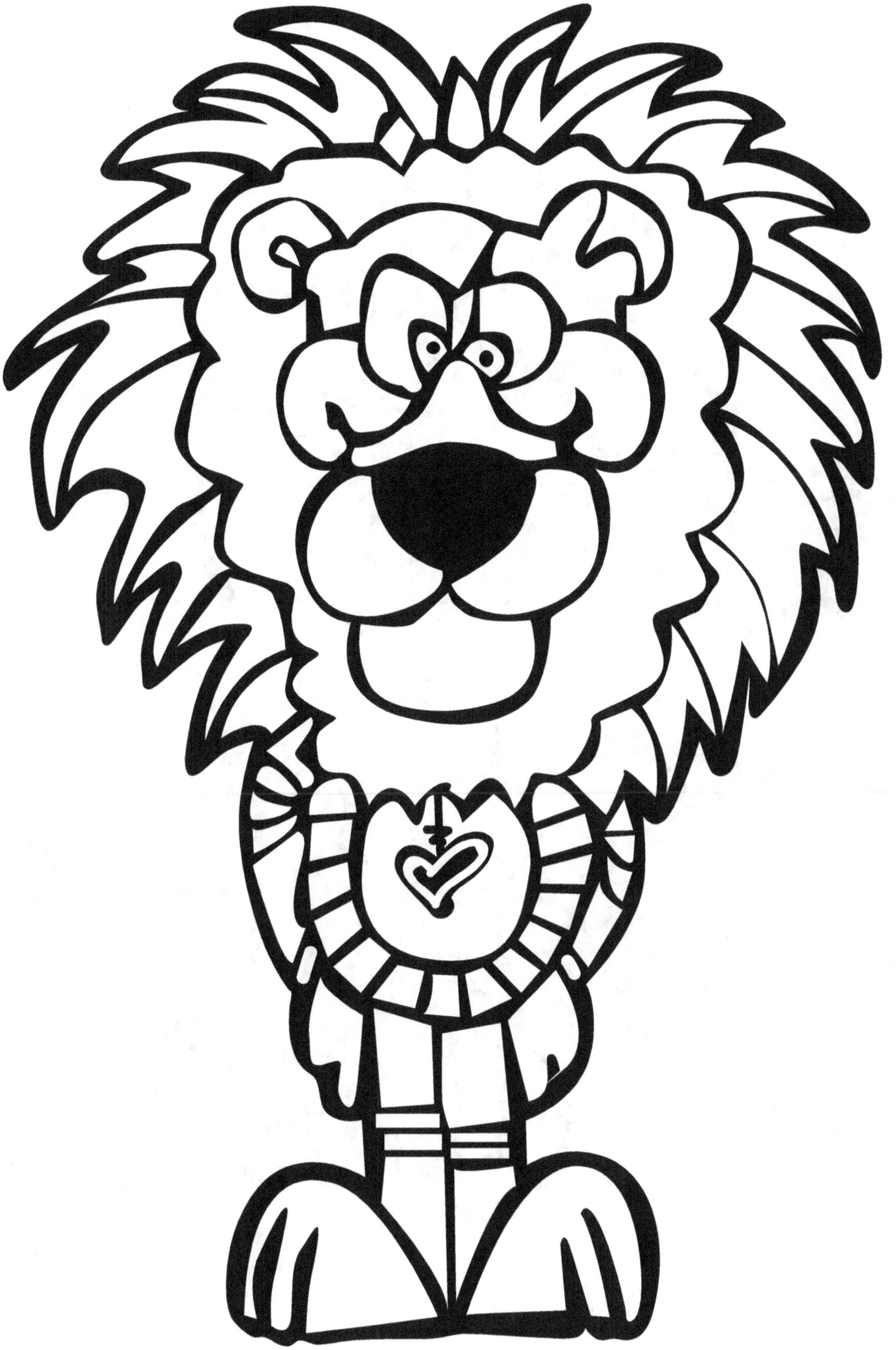

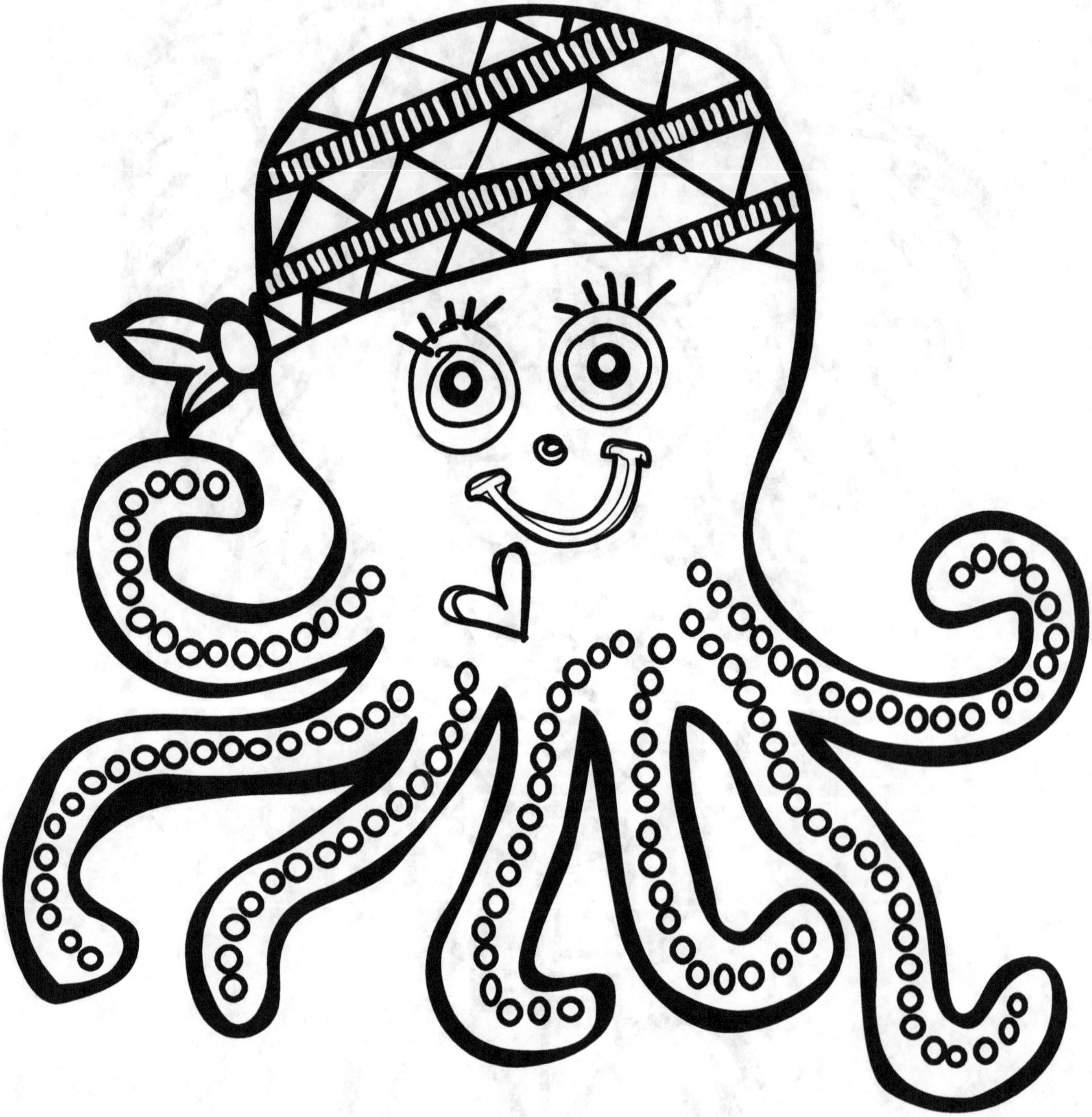

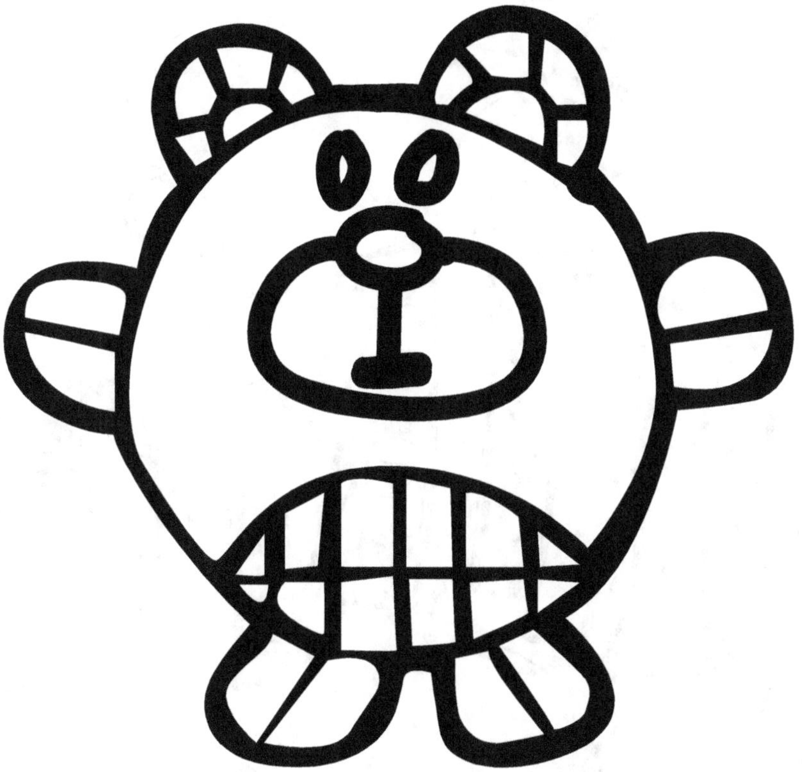

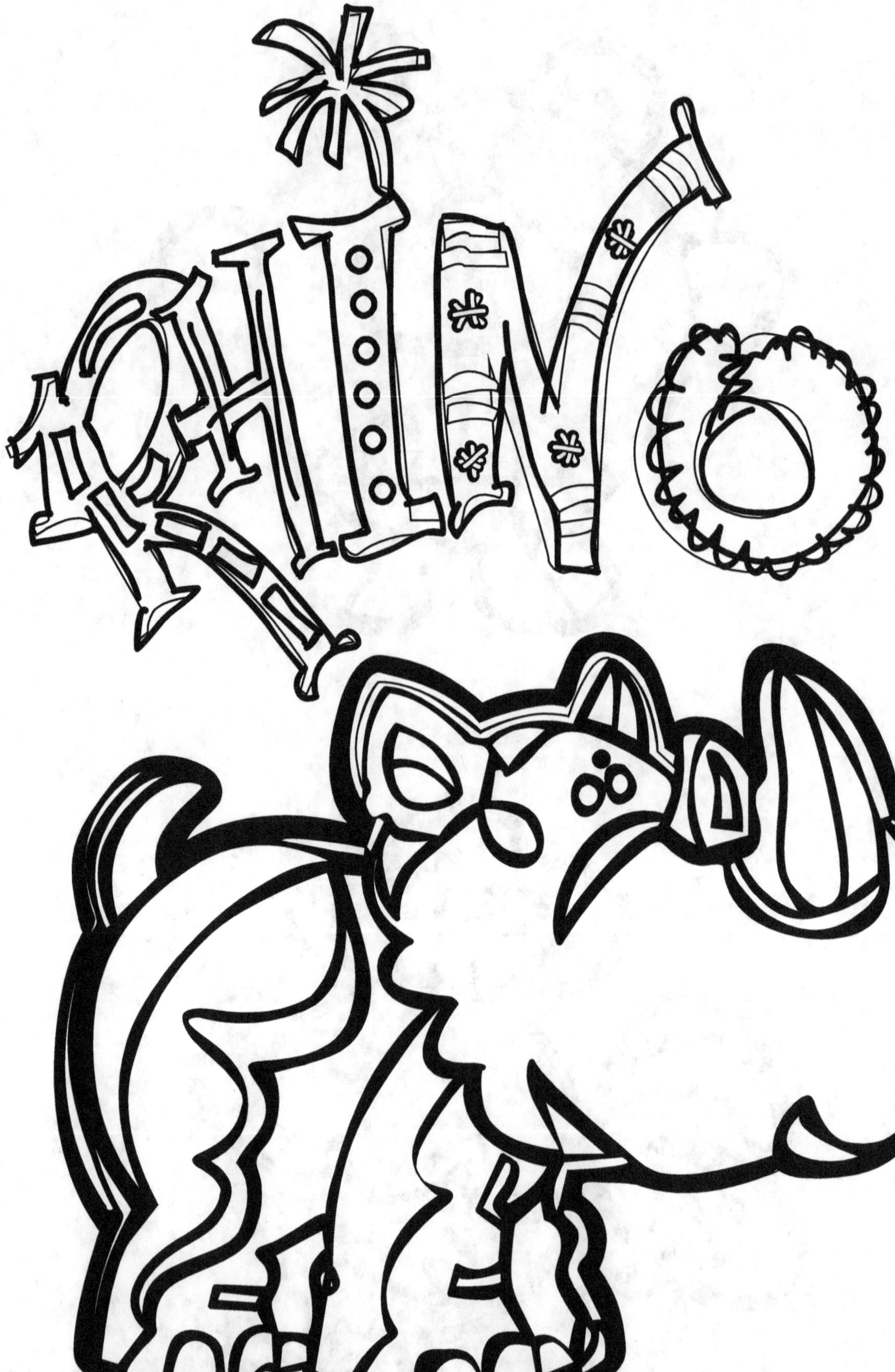
RHINO

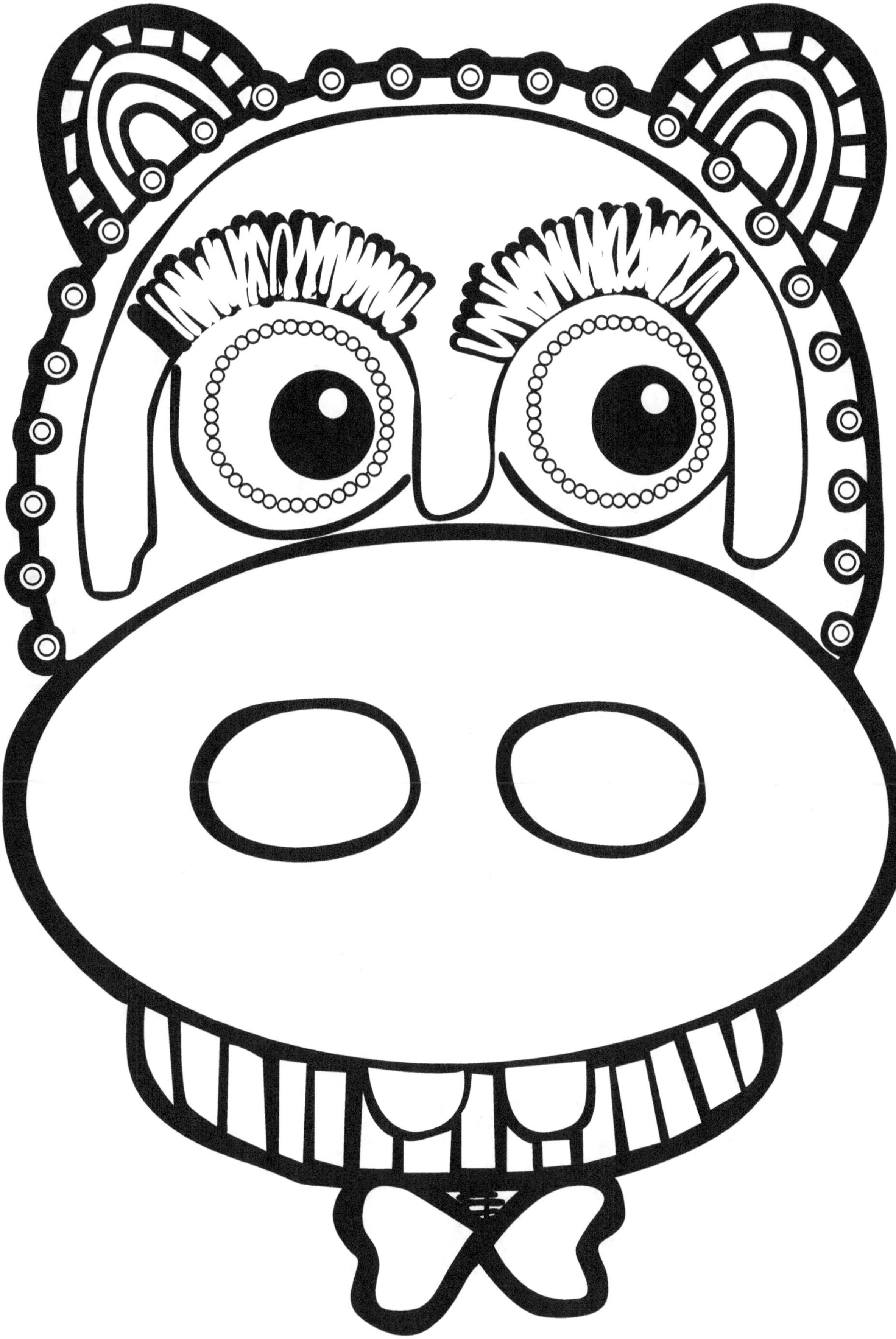

www.ingramcontent.com/pod-product-compliance
Lightning Source LLC
Chambersburg PA
CBHW081802280526
45789CB00008B/2962
* 9 7 8 1 5 4 0 7 7 3 4 4 9 *